JILPT　資料シリーズ　No.208
2019年2月

諸外国における女性活躍・雇用均等にかかる情報公表等について
―フランス、ドイツ、イギリス、カナダ―

独立行政法人　労働政策研究・研修機構
The Japan Institute for Labour Policy and Training

まえがき

　本報告書は、厚生労働省の要請を受けて当機構が実施した「諸外国における女性活躍・雇用均等にかかる情報公表等」に関してとりまとめたものである。フランス、ドイツ、イギリス、カナダの4カ国を対象に、各国の女性活躍にかかる情報公開等の仕組みや女性活躍、男女平等の取り組み状況について調査を行った。

　なお、アイスランドでは、同等業務に従事する男女従業員に同額賃金を支払っているという証明書の取得を使用者に義務づけた世界初の新法が2018年に施行され、注目を集めている。男女賃金格差是正に関する最も先進的な政策事例として、巻末に新法の概要と仮訳を掲載したので、必要に応じて参考にして頂きたい。

　本報告書が、諸外国における男女均等にかかる諸政策についての理解を深める一助となれば幸いである。

2019年2月

独立行政法人　労働政策研究・研修機構
理事長　樋口　美雄

執筆担当者（執筆順）

氏名	所属	担当
水野 圭子	法政大学 講師	第1章
飯田 恵子	労働政策研究・研修機構 調査部 主任調査員補佐	序章、第2章
樋口 英夫	労働政策研究・研修機構 調査部 主任調査員補佐	第3章
齋藤 文栄	跡見学園女子大学 講師	第4章

※肩書きは2019年2月時点

諸外国における女性活躍・雇用均等にかかる情報公表等について
―フランス、ドイツ、イギリス、カナダ―

目　次

序章 ··· 1

第1章　フランス
はじめに ··· 9
第1節　職業における男女平等にかかる行政の諸政策 ··· 10
1. フランスにおける男女平等の問題と日本との相違点 ··· 10
2. 法規制による職場における男女平等の実現 ··· 11
   (1) 1970年から80年にかけて ··· 11
   (2) 2001年5月9日法による企業労働協約による職場における男女平等の実現 ······ 13
   (3) 2006年男女賃金平等法－産業別労働協約による男女平等の実現 ···················· 15
   (4) 2018年9月5日法による職場における男女の平等に対する法規制 ···················· 20
3. 男女平等にかかるその他の取り組み（優良企業認定、助成金など） ······················ 23
   (1) 優良企業認定制度　ラベル・エガリテ（Le label Égalité） ······························ 23
   (2) 公契約における職業上の平等の推進 ·· 23
第2節　企業における女性活躍・雇用均等の実態 ·· 26
1. 企業における女性労働者の現状 ·· 26
   (1) 教育における男女格差 ··· 26
   (2) 就労率における男女格差 ··· 27
   (3) 職業における男女平等に関する就労時間の問題 ··· 29
   (4) 賃金における男女格差の問題 ·· 30
おわりに ·· 32

第2章　ドイツ
はじめに ·· 35
第1節　男女均等にかかる行政の諸政策 ·· 35
1. 企業に対する公表制度・義務化の状況 ·· 35
   (1) 女性クオータ法（FührposGleichberG） ·· 35
   (2) 賃金透明化法（EntgTranspG） ··· 40
2. 男女平等にかかるその他の取り組み ··· 42
   (1) 男女機会均等を促すための優良企業認定制度 ··· 42

－i－

(2)男女機会均等などに取り組む企業に対する公共調達優遇制度 ················43
　第2節　企業における女性活躍・雇用均等の実態 ··43
　　1.企業における女性労働者の現状 ···43
　　　(1)就業者数と男女比 ···43
　　　(2)短時間労働者に占める男女比 ···43
　　　(3)長時間労働の割合(男女別) ··44
　　　(4)管理職における女性割合 ···44
　　　(5)男女賃金格差 ··45
　　2.企業における取り組みの課題と実績状況 ···46
　　　(1)男女雇用機会均等とファミリー・フレンドリーな環境促進に関する政使協定 ··········46
　　　(2)政労使学の連携プロジェクト「家族のための連合(Allianz für die Familie)」 ········47
　おわりに ··47
　ドイツ参考資料(賃金構造の透明化促進のための法律)＜仮訳＞ ······················49

第3章　イギリス
はじめに ··59
第1節　男女平等にかかる行政の諸政策 ··59
　1.企業に対する公表制度・義務化の状況 ··59
　　　(1)男女間賃金格差の公表制度 ···59
　2.男女平等にかかるその他の取り組み ···64
　　　(1)平等賃金監査(平等賃金レビュー) ··64
　　　(2)女性役員比率に関する目標の設定 ···64
第2節　企業における女性活躍・雇用均等の実態 ··66
　1.企業における女性労働者の現状 ···66
　　　(1)就業者数・就業率 ··66
　　　(2)賃金格差の状況 ··68
　2.企業における取り組みの課題と実績状況 ···70
　　　(1)男女間賃金格差に関する雇用主の意識 ···70
　　　(2)男女間賃金格差の縮小に向けたガイダンス ··72

第4章　カナダ
第1節　男女均等にかかる行政の諸政策 ··75
　1.企業に対する公表制度・義務化の状況 ··75
　　　(1)取締役等における女性の割合に関する公表制度 ····································75
　　　(2)賃金公表制度 ··77

2. 男女平等にかかるその他の取り組み･････････････････････････････････78
　　　(1) オンタリオ州･･･78
　　　(2) 連邦政府･･･78
　　　(3) 政府以外の組織による取り組み･････････････････････････････････79
　第2節　企業における女性活躍・雇用均等の実態････････････････････････79
　　1. 企業における女性労働者の現状･･･････････････････････････････････79
　　2. 企業における取り組みの課題と実績状況･･･････････････････････････81
おわりに･･･83

巻末参考資料：アイスランドにおける男女同一賃金認証にかかる新法の概要･･････････85
　　　　　　　アイスランド　男女同一賃金認証に関する法令＜仮訳＞･････････86

序　章

〔調査趣旨〕

本調査は厚生労働省の要請に基づいて、フランス、ドイツ、イギリス、カナダの女性活躍にかかる情報公開等の仕組みや女性活躍、男女平等に関する取り組みの状況把握を目的とした。また、その中でも特に、各国の「男女間賃金格差の是正策」に重点を置いて調査を行った。

〔調査方法、調査期間〕

文献調査、2018年6月～9月（緊急調査）

〔調査項目〕

主な調査項目は、以下の通りである（各国の状況に応じて若干の違いはある）。

> 第1節　男女均等にかかる行政の諸政策。
> 　1.　企業に対する公表制度・義務化の状況
> 　2.　男女平等にかかるその他の取り組み
> 第2節　企業における女性活躍・雇用均等の実態。
> 　1.　企業における女性労働者の現状
> 　2.　企業における取り組みの課題と実績状況。

〔調査概要〕

我が国の男女均等にかかる現状を見ると[1]、フルタイム雇用者の所得中位数における男女賃金格差は25.7％と、OECD諸国中3番目に男女賃金格差が大きい国となっている。また、女性の管理職数と取締役に占める割合はOECD諸国中、最下位で、公職における女性指導者の数も少ない状況にある。そのような現状の中、日本では現在、女性の活躍状況に関する企業情報の「見える化」を進め、女性活躍推進法の情報公表制度の強化策などについての必要な制度改正が検討されている。日本における最適な政策を検討するための議論が望まれるところであるが、その際には諸外国の先行的な取り組みが参考となり得る。

また、欧州に目を向けると、男女の平等待遇はEUにおける基本的な価値観の1つとなっている[2]。特にEU委員会が力を注いでいるのは、政治、経済、社会における女性の不平等な取り扱いをなくし、共通認識を持つ人々の連携を強化することである。そのためEUは、「男女平等へ向

---

[1] OECD (2017) *The Pursuit of Gender Equality* (http://www.oecd.org/publications/the-pursuit-of-gender-equality-9789264281318-en.htm).
[2] European Commission(2018) *2018 Report on equality between women and men in the EU*(http://ec.europa.eu/newsroom/just/document.cfm?doc_id=50074).

けた戦略的取り組み 2016－2019³（Strategic engagement for gender equality 2016-2019)」を策定し、EU の全ての政策および EU が資金提供する全てのプログラムに男女平等の視点を取り込むことを目指している。

　以上の現状を踏まえ、本調査では、日本の政策検討の際に参考となり得るフランス、ドイツ、イギリス、カナダの4カ国を対象に、特に企業情報の「見える化」等に着目し、男女均等に関する取り組み状況の把握を行った。

　例えばフランスでは、職業上の男女差別に関して、使用者に対し、女性の雇用実態を明らかにし、是正措置を、労働組合による協約によって定める手法を取っている。協約が締結されない、あるいは、是正措置がなされない場合には、制裁金が科される。女性の賃金差別に対しては、その原因が、昇進の遅れと短時間労働（正社員）や有期雇用のパートタイムにあると分析し、女性の管理職の増加を、期限付きで企業に義務づけ、達成されない場合は制裁金が科せられるという2018年の法律により、強制的に是正しようとしている。

　また、ドイツでは 2017 年に「賃金透明化法」が施行され、200 人を超える従業員を擁する企業・官公庁で働く労働者は、個人として賃金に関する情報開示を求める請求権を有するようになった。同法に基づき、対象者は自分の職務と同一または同一価値の職務に対する、賃金決定基準や方法について照会し、比較対象賃金に関する情報を求めることができる。

　他方、イギリスでは、男女間賃金格差については、雇用主の自主性に委ねる方式をとったが、その後進展がなかったため、2017 年 4 月（公共部門は同年 3 月末）から、一定規模以上の企業に対して、男女賃金格差の公表が義務化された。ただし、そのほかの、必ずしも差別禁止法に反しない男女間の格差については、原則として雇用主の自主性に委ねる傾向にある。

　このほかカナダでは、連邦国家のため、男女均等にかかる情報公表や男女賃金格差の是正については一般的に各州・準州の法律が適用される。そのため、州において先進的な取り組みが進んでいる。2018 年 4 月には、オンタリオ州で、連邦・州レベルを通してカナダ初の「賃金公表法」が制定された。

　このように、各国とも政策導入の経緯や制度は異なるものの、男女賃金格差の是正に関して、「賃金の透明化（企業による情報開示）」を重視していることが明らかになった。

　以下にフランス、ドイツ、イギリス、カナダの概要を紹介し、さらに参考としてEUの取り組み状況と、アイスランドで 2018 年 1 月 1 日から施行されている男女賃金格差是正に関する新法についても取り上げることとする。

1. フランス

　フランスは、職業上の平等を図るために、日本と同様に募集から退職までのライフステージに

---

[3] Strategic engagement for gender equality 2016-2019(https://ec.europa.eu/anti-trafficking/sites/antitrafficking/files/strategic_engagement_for_gender_equality_en.pdf).

おいて、男女平等を規定している。しかし、程度の差はあるが、日本と同様に、女性に対する昇進差別が存在する。異なる点は、これらの差別に対し罰則付きの制裁を科している点である。

フランスは、職業における男女の平等について、使用者に対し、女性の雇用実態を明らかにし、是正措置を、労働組合による協約によって定める手法を取っている。協約が締結されない、あるいは、是正措置がなされない場合には、制裁金が科されるのである。

また、フランスでは、出産後の復職に対して、同職位、同賃金での復職と教育訓練を使用者の義務としている。女性の賃金差別に対しては、その原因が、昇進の遅れと短時間労働(正社員)や有期雇用のパートタイムにあると分析して、女性の管理職の増加を、期限付きで企業に義務づけ、達成されない場合は制裁金が科せられるという 2018 年の法律により、強制的に是正しようとしている。また、セクシャルハラスメントにおいても、刑事罰を規定し、罰金と懲役を規定している。

2. ドイツ

ドイツにおける「管理職に占める女性割合」や「男女賃金格差」に関して、現状では EU の平均水準に達しておらず、進歩的とは言い難い。EU は 2015 年に「男女平等へ向けた戦略的取り組み 2016-2019(Strategic engagement for gender equality 2016-2019)」を策定し、各国はこれに沿って様々な男女平等促進策に取り組んでいる。その中で EU 平均に達していないドイツには、早急な改善が求められている。

このような背景の中、第 3 次メルケル政権(2013-2017 年)下では、男女格差の是正に向けた国内法の整備に進展が見られた。具体的には、大企業の監査役会の女性役員比率を 30%以上とすることを義務づける「女性クオータ法」や、賃金構造の透明化を促進することで、男女間賃金格差の是正を目的とする「賃金透明化法」などの法律が成立した。両法は、ともに適用対象を民間企業のみならず、公的機関にも一部拡大している。また、施行後に継続的な法律評価を実施し、適宜見直しの機会を担保している。

なお、2018 年 3 月に発足した第 4 次メルケル政権では、今後 4 年間のうちに女性役員のクオータ(割当て)に非協力的な企業に対する罰則強化や、男女格差の是正促進や研究を行う連邦財団の設立等が検討されている。

3. イギリス

イギリスにおける男女均等に関する法制度の整備は、女性の労働市場への参加拡大を背景に進んだといわれ、性別による雇用上の差別禁止や賃金の平等、出産に伴う休業後の仕事への復帰の権利などが法的に保障されることとなった。一方、必ずしも差別禁止法に反しない男女間の格差については、原則として雇用主の自主性にゆだねられる傾向にあり、この点が独仏等とは異なる特徴といえる。

例えば、男女間賃金格差に関する情報の公表義務化は、2010 年平等法に条文が盛り込まれていたものの、雇用主による自主的な取り組みを優先するとの考え方から、施行は先送りされた。

しかし、政府の呼びかけに賛同を表明する雇用主は少なくなかったものの、実際に情報を公表した雇用主はごくわずかに留まったことから、政府は公表義務化に踏み切ったとされる。男女間で顕著な差がみられる場合、雇用主にはその理由や改善に関する計画、さらに次年度以降は改善策の進捗についても公表が求められるが、格差やその改善が進まないことに対する罰則は設けられていない（公表自体を怠った場合のみ、罰金が科される）。また、企業における女性役員比率については、上場企業のトップ100社あるいは250社の合算による比率が実質的な目標とされるに留まり、個別の雇用主に比率の達成が義務づけられるには至っていない。

4. カナダ

　カナダは、連邦国家であるため、雇用や人権問題などは、一部の連邦管轄にかかる業種（銀行業や運送業等）を除き、州政府の管轄となる。そのため、男女均等にかかる情報公表や男女賃金格差の是正などについても一般的に各州・準州の法律が適用されるため、本項ではカナダで最も規制が進んでおり、かつ最多の企業を抱えるオンタリオ州の取り組みを中心に論じている。

　オンタリオ州では、トロント証券取引所の上場企業に対し、女性取締役と女性役員を増やすため、「コンプライ・オア・エクスプレイン」アプローチを取っている。取締役における女性の割合や方針やターゲットの策定等、一定の項目を毎年開示するよう求め、その項目が実施されていない場合には、なぜ実施していないのか説明を求めるものである。実施後3年経ち、着実に企業の取り組みは進んでいるものの、変化は遅く、より強い規制を求める声が出ている。連邦政府も同様のアプローチをとることが決まったが、女性に限らず、より多様なグループを対象としているのが特徴である。

　賃金格差についても公表化が進み、2018年4月に、オンタリオ州で、カナダでは連邦・州レベルを通して初めての賃金公表法が制定された。対象企業は、公募の際に給与または給与の幅を提示することなどが義務づけられており、この法律により男女の賃金格差が是正されることが期待されている。連邦政府でも、賃金の透明化に関する取り組みが始まろうとしているところである。

5. EU

　参考として、男女賃金格差の是正に関するEUの取り組みを紹介する。EUでは、2014年に「透明性を通じた男女間の同一賃金原則の強化に関する委員会勧告（2014/124/EU[4]）」を出し、給与の透明性を高めるために以下の4つの手段のうち、少なくとも1つを加盟国は採択すべきだと提案している。

---

[4] Commission Recommendation of 7 March 2014 on strengthening the principle of equal pay between men and women through transparency Text with EEA relevance（透明性を通じた男女間の同一賃金原則の強化に関する2014年3月7日の欧州委員会勧告）（https://publications.europa.eu/en/publication-detail/-/publication/b8668ea5-a69a-11e3-8438-01aa75ed71a1/language-en）.

> 1. 給与について情報を求める個人の権利を認めること。
> 2. 従業員50人以上の企業に対し、全社レベルで男女の給与水準を報告するよう義務づけること。
> 3. より大規模な企業に関して、分析的な男女の賃金監査(モニタリング)を行うこと。
> 4. 団体交渉において、この問題を考慮するよう社会的パートナー(労使)を促すこと。

　勧告後の2017年に発表された加盟国の実施状況調査[5]によると、当該時点で加盟国の約半数がこの勧告に従っていた。

　例えばドイツでは、「賃金透明化法」によって、約1,400万人の労働者に対して給与に関する情報を要求する権利を付与し[6]、アイルランド、オランダ、イタリア等でも、政策的な濃淡はあるが、同様の政策を検討中であった。しかし、現状では未だ不十分な状況のため、EU委員会は、「男女の賃金格差を解消するための2017－2019年アクションプラン[7](2017年11月20日発表)」において、さらに強制力のある手段の利用を検討している。

　このほか、男女の給与の透明化に関する施策を以前から導入していたオーストリア、デンマーク、フィンランド、スウェーデン[8]については、EU財団のChristine Aumayr-Pintar研究員が各国の政策分析・評価に基づき、賃金透明化に関する効果的な政策導入手法を「10の重要ポイント」として、以下の通りまとめている[9]。

　同研究員はその上で、同政策を導入する際には、全プロセスを通して、労働者代表組織／従業員代表組織が密接かつ積極的に関与することが重要だと指摘している。

---

[5] Evaluation Report of the 2014 Pay Transparency Recommendation
(http://ec.europa.eu/newsroom/just/document.cfm?action=display&doc_id=48361)
[6] 賃金透明化法の成立によって影響を受ける労働者数(ドイツ政府の推計)。
[7] Action Plan on Tackling the Gender Pay Gap (EUR-LEX)(https://eur-lex.europa.eu/legal-content/EN/TXT/?uri=CELEX:52017DC0678).
[8] スウェーデン、オーストリア、ドイツについては、齋藤純子「男女賃金格差是正のための取組み:スウェーデン・オーストリア・ドイツ」(レファレンス2012.9)国立国会図書館調査及び立法考査局、でも詳しく紹介されている
(http://dl.ndl.go.jp/view/download/digidepo_3532359_po_074002.pdf?contentNo=1)。
[9] European Foundation(8 February 2018)(https://www.eurofound.europa.eu/publications/blog/ten-points-about-pay-transparency-in-europes-companies).

> 1. 単純な賃金報告を義務づけることは、企業にとって大きな障害とならない。
> 2. しかし、義務づけられた報告と監査が意味を持つのは、基本給のみならず、多様な給与の要素や、職歴、在職期間といった付加的な情報を含め、より複雑で詳細なデータが加えられた場合に限られる（基本給の情報開示だけでは不十分である）。
> 3. これらの手段を実行するのは、当初は困難なこともある。対象企業の規模は、徐々に小さくしていく段階的なアプローチがうまく機能するように思われる。
> 4. 誰が報告書を作成しなければならないのか、それには何が含まれるべきか、企業レベルで誰が関与すべきか、どのような書式が利用できるか、それを使って何がなされるべきか、作成されない場合にどのような結果が生じるのかを立法者が明確にするならば、問題が少なくなる。
> 5. 規模の大きな会社にとってこの義務を果たすのはそれほど困難ではない。ゆえに、中小企業に焦点を絞った支援手段を実行すべきである。
> 6. これらの賃金報告制度を形式的な報告に終わらせないようにするには、経営陣と従業員の代表が協力して報告書を作成し、討議し、フォローアップについて合意することが鍵である。
> 7. この制度は、社会的パートナーと政府の協力的な環境に加え、会社レベルでの関係者の間にこのデータに目を向ける純粋な関心とオープンさがあるときに最もうまく機能する。
> 8. EU世論調査（Eurobarometer）によると、男女の給与に関する報告書は一般の人々に知られていない。
> 9. しかし、それぞれの国の男女の賃金格差レベルにかかわらず、市民は、この制度の導入を支持すると思われる。欧州市民のおよそ3分の2は、この問題に関するEU世論調査（Eurobarometer）の質問に対して、それを支持すると回答している。
> 10. ただし、給与の透明性は両刃の剣となりうる。業績を測定するのが難しい環境では、透明性確保のための給与報告書は、人々が自分の業績を過大評価しがちであるという一般的に観察されている現実と組み合わされて、デメリットの方が大きいこともある。より平等だがメリハリのない給与によって公平性を高めると、ハイパフォーマーとの間に全般的な不満感と離職が引き起こされる可能性がある。

　このほか男女均等促進に間接的に寄与する取り組みとして、EUが2014年に発した「非財務情報と取締役会構成員の多様性の開示に関する指令[10]（2014/95/EU）」を紹介する。これは、一定規模の企業（従業員500人超の上場企業や金融機関等）に対して、環境、社会、従業員、人権尊重、汚職・贈賄防止に関する項目のほか、経営・管理・監督機関構成員の年齢、性別、教育・職業的経歴に関する自社の多様性（Diversity）確保のための方針、方針の目的、実施状

---

[10] Directive 2014/95/EU amending Directive 2013/34/EU as regards disclosure of non-financial and diversity information (https://eur-lex.europa.eu/legal-content/EN/TXT/?uri=CELEX%3A32014L0095).

況、報告期間における達成状況を、コーポレート・ガバナンス報告(corporate governance statement)の中で、情報開示することを義務づけたものである。また、そのような多様性確保のための方針がない場合には、同報告において経営者がその理由を説明しなければならないとされている。EU委員会は2017年に、企業がこれらの問題について報告する方法について定めたガイドライン[11]を採択しており、将来的に、非上場企業へ対象を拡大する可能性を予告している。

6. アイスランド：2018年法の概要・仮訳（本報告書巻末資料）

　男女賃金格差の是正策として、アイスランドでは、同等業務に従事する男女従業員に同額賃金を支払っているという証明書の取得を使用者に義務づけた世界初の新法が2018年に施行され、注目を集めている。同法に基づき、年ベースで25人以上の従業員を雇用している企業や組織は、男女同一賃金認証の取得が義務づけられた。

　アイスランドでは、1961年から男女同一賃金に関する法律を制定し、男女平等賃金支払いを義務づけているが、今回新たに施行された法律では、雇用主にその挙証責任を負わせる内容となっている。つまり、今後は、男女賃金格差の存在を従業員が証明する必要はなく、生じた男女賃金格差が性別に基づくものではないことを雇用主側が示さなくてはならない。また、雇用主が期限までに証明書を取得できない場合、1日につき最高5万アイスランド・クローナ(ISK)（約5万円相当）の罰金が科される。

　男女賃金格差是正策に関する最も先進的な政策事例として、本報告書の巻末に新法の概要と仮訳を掲載したので、必要に応じて参考にして頂きたい。

---

[11] Communication from the Commission (2017/C215/01), Guidelines on non-financial reporting (https://eur-lex.europa.eu/legal-content/EN/TXT/?uri=CELEX%3A52017XC0705%2801%29).

第1章 フランス

はじめに
高い就労率と特殊合計出生率を誇るフランスならではの職業上の男女不平等の問題

　フランスは女性就労率も特殊合計出生率も高いため、女性の社会進出が進んでいると理解する向きがある。しかし、ナポレオン法典による女性の就労制限、銀行口座を開くことの制限や女性の財産処分の制限、協議離婚を認めないといった女性の権利を抑制する法制度が残存したことが影響し、女性の社会進出は決してトップクラスではない。国会議員の比率においても、2000年当時、国民議会（日本の衆議院に相当）における女性議員の割合は10.9％でしかなく、同時期のEU加盟国であるスウェーデン42.7％、ノルウェー36.4％、ドイツ30.9％と比較しても例外的に低い状況であった。このような状況に対し、男女共同参画を進め、パリテを導入し、2015年には26.2％まで改善している。近年においても、政治的男女平等を実現するために多様な政策を展開してきた。近年、地方議員を同数にするために、男女ペアでの立候補を法制化し、地方議会における男女同数を実現した点は、日本でもマスコミで大きく報道されたとおりである。

　このような状況であったため、職業上の男女平等においても、1960年代に限定すれば、日本とフランスの女性の就業率に大きな違いはない。1962年には、フランスにおいて、30歳から50歳の女性で就労していたのは、40％～45％であり、一方、日本においては、少し年代のずれはあるが、総務省の労働力調査によると1968年当時、50％弱の女性が就労していたのである。

　その一方で、フランスは、第一次世界大戦後、家族政策を重点政策と認識し、1920年代から専業主婦がいる家庭を念頭に少子化対策として家族政策を開始してきた。さらに、1970年代からは、家族政策を共働きの家庭（ひとり親家庭含む）に対する、仕事と子育ての両立支援へと主軸を移し、社会保障給付として各種の子育て支援給付のみならず、育児休業制度の創設と拡充、保育園や保育ママなどの育児支援の整備、父親への家庭責任の分担を促進すること、労働時間の短縮、復職における同職位・同賃金での復職義務化などを行ってきた[1]。このような中で、現在フランスは、高い特殊合計出生率と高い女性の就労率を誇り、30歳から50歳の女性の80％が就労している。

　しかし、このような女性に対する子育てと社会進出の支援が、職業上の男女平等における問題をも解決した訳ではない。女性が育児と仕事を両立しうるとはいえ、育児休業の取得率の男女比のバランスが取れているとはいえず、女性の75％、すなわち4人に3人が時短勤務を含め何らかの形で育児休暇を取得するが、男性は10％、すなわち10人に1人しか育児休暇（出産休暇ではなく）を取得しないのである。確かに、労働法典が出産後、女性を同職位、同賃金に復職させることを使用者に義務づけている。しかし、女性正社員が子育てのための短時間就労で復職し

---

[1] 拙稿2章フランス37頁以下『資料シリーズ No.197 諸外国における育児休業制度等、仕事と育児の両立支援にかかる諸政策—スウェーデン、フランス、ドイツ、イギリス、アメリカ、韓国—』JILPT 平成30年3月

た場合、時給としては男女差別がなくとも、結果として、経験の差異を生じさせる。これは、1つには昇進の遅れ・ストップへとつながり、いわゆる「ガラスの天井」と言われる問題を形成した。女性が子育てと就労を両立する育児休暇による休業や短時間勤務こそが昇進格差、賃金格差を生み出した。これがフランスの職場における男女平等の問題の特徴である。この是正として、男性の育児休業の取得促進が図られるとともに、これらの結果としての賃金格差を解消するため、2000年以後、2001年、2006年、2018年と大きな法改正が行われ、その間においても、デクレやオルドナンス[2]による改正がなされている。もちろん、フランス女性においても、有期雇用でかつ労働時間が短いという問題もある。この点については、後述する。

　本稿では検討項目を統一する観点から、第1節で職業における男女平等にかかる行政の諸政策として、フランスにおける職業上の男女平等に関する法の変遷を概観し、企業協約によって職業上の平等を推進しようとするフランスの手法や公表制度、企業に課せられた義務を検討する。また、男女平等にかかるその他の取り組みとして、優良企業認定、公契約についても紹介する。第2節では、企業における女性活躍・雇用均等の実態について、企業における女性労働者の現状として、女性の教育の格差、就労者割合、賃金格差を生じさせる昇進格差等の実態について言及する。

第1節　職業における男女平等にかかる行政の諸政策
1. フランスにおける男女平等の問題と日本との相違点

　フランスは、女性の人権を従来から保障してきた国ではない。女性に参政権が認められたのは、1944年と決して早くはない。ナポレオン法典は、「夫が妻の財産を管理」し、「就労するには夫の許可が必要」として妻の権利を抑制し、1965年7月13日法が「妻は、夫の同意がなくとも職業に従事する権利を有する」とするまで、自由に就労できなかったのである。協議離婚が可能となったのは、1975年7月11日法によってである。

　女性の管理職の割合は、2007年時点では、フランスは7.2％と低い値であった。フランスもこの点を自認し、「ガラスの天井」を打ち破るために様々な試行錯誤による改革を推進してきた。フランスで問題視されてきたのは、特に賃金格差である。男女の賃金格差は、正規雇用である「期間の定めのない労働契約」においては、妊娠出産による休暇と、子育てのため女性が長期間にわたって短時間勤務に従事し、女性が昇進・昇格において後れを取るあるいは昇進昇格しないことから生じている。また、非正規の「期間の定めのある労働契約」においては、男女の賃金格差はほとんどないが、このような雇用形態で就労する女性労働者の割合が高いことである。

　つまり、日本のようなコース別人事といった雇用形態によってもたらされる直接的な男女の賃金

---

[2] 事務局脚注：「デクレ（Décret）」は大統領または首相が制定する命令であり、「オルドナンス（Ordonnance）」は、議会から立法権の授権を経た上で政府が制定し、または政府が制定後に、追認法律により議会が事後承認する命令である。
　（以上、科学技術振興機構サイト https://www.jstage.jst.go.jp/article/johokanri/56/9/56_622/_html/-char/en）より。

格差は生じていない。しかし、女性の昇進昇格の遅れによる賃金格差、また、非正規労働による賃金格差という日本と相似の問題を抱え、それに対する様々な政策が試みられてきている。

2. 法規制による職場における男女平等の実現

法規制による職場における男女平等の実現は、70年代から80年代の動き、すなわち、まだ男女の格差が大きく、国際条約やEU指令においても男女平等が定められ、フランス国内においても法整備が開始された時代、その後、その政策が十分に機能せず、2001年以降行われた法改正という2つの動きを見ることができる[3]。

(1) 1970年から80年にかけて
①1972年の同一賃金の平等

1951年、同一価値労働に対し男女同一賃金を定めるILO100号条約、1957年にはローマ条約（EEC設立条約）119条（現行EU運営条約157条）に男女同一賃金の規定が定められた。しかし、このような国際的な動きが、フランス国内に影響を与えるのは、1968年の5月革命を経て、女性解放運動が起きた後、1972年まで待たなければならなかった。フランスにおいて、同一価値労働同一賃金が規定されたのは、「男性と女性の賃金平等に関する1972年12月22日法」によってである（現行規定（L.3221-1）においては、男女平等賃金は、労働法典上の労働者、および、公務員にも適用されるとしている）。しかし、そもそも、同一価値労働同一賃金が実現するためには、女性労働者と男性労働者がほぼ同じ業務を行うことが必要となる。この規定によっても、男女同一賃金は実現しなかった。同一賃金に対するさらなる法改正は、男女均等待遇に関する1976年2月9日のEU指令（76/207/EEC）を待たなければならなかった。

②育児休暇制度の導入と休業取得後の同職位、同賃金での復職の義務づけ

家族政策が「両親が共に働く家族とその子どもという家族モデル」に変更されていく動きの中で、フランスの育児休業である育児親教育休暇（un congé parental d'éducation）は1977年7月12日法によって創設された[4]。したがって、育児親教育休暇は創設当初から、女性の就労支援としての性質を持っている[5]。

育児親教育休暇は、労働法典の出産休暇（un congé maternité）に引き続き、休暇の申請を認めるものである。育児親教育休暇の要件は、①200名以上を常時雇用する企業において、②1年以上勤務する女性労働者が出産休暇（養子受入休暇）終了の1カ月前までに申請し（養

---

[3] フランスの職業平等法制の展開についての詳細は、糠塚康江「フランスにおける職業分野の男女平等政策―2008年7月の憲法改正による「パリテ拡大」の意義―」企業と法創造7巻5号　70頁。
[4] *JO* 13.juillet1977 p.3696.
[5] Collombet Catherine. <<Histoire des congés parentaux en France. Une lente sortie du modèle de rémunération de la mère au foyer>>.: *Revue des politiques sociales et familiales,* n°122, 2016. Exercice de la paternité et congé parental en Europe. pp. 111-122; doi：10.3406/caf.2016.3168
http://www.persee.fr/doc/caf_2431-4501_2016_num_122_1_3168.

子の場合は3歳未満であること)、③出産休暇と合わせて2年まで休暇の延長が可能とした。育児親教育休暇の取得は原則として母親とされ、④父親は、同じ要件を満たす場合に例外として、すなわち、母親が取得できない場合に申請が可能とされた。⑤育児親教育休暇は、子供1人(養子1人)ごとに取得できる。育児親教育休暇とは、労働契約の中断であり、その目的は、女性の就労の継続であり、休暇後、同様の仕事に同じ賃金で復職することであった(旧労働法典 L.122-28-1)。旧労働法典が規定する育児親教育休暇の期間は、就労期間と関係する諸利益の決定について、考慮されると定められている(L.122-28-2)。これは、賞与や退職金等においても、育児休暇取得による不利益を緩和する意図である。さらには、復職の時点で技術や手法の変化が生じた場合には、教育訓練を受けることができると規定していた(L.122-28-4)。

③男女同一賃金の導入とはかばかしくない効果

　1976年2月9日のEU指令は「直接、間接によらず、特に婚姻または家族の状態に関連づけて、性を理由に差別してはならない。」としている。この差別には、㋐特定の性別が絶対的な条件となる職業活動(2条2項)の場合、㋑母性保護、特に妊娠出産に関する場合(2条3項)㋒ポジティブアクション(2条4項)に関する規定は差別に当たらないとしている。これを受け国内法として制定された1983年7月13日法（現行規定労働法典 L.1142－1に同様の規定がある)は、日本の現行の雇用機会均等法と同様に、募集・採用・配置・昇進・職業訓練といったライフステージにおいて、性別による差別を禁止するものである。

　さらに注目すべきは、募集・採用においては求職者の性別、家族状況について言及させることを禁止しており、性別を明記した募集・採用を禁止するのみでなく、性別・家族の状況について質問、返答させることを禁止し、すなわち、調査できないとしている点である。この違反に対しては、刑事罰(現行労働法典 L.1146-1～L.1146-3においては3,750ユーロの罰金)が規定されている。この法律に対しては、3つのデクレが定められ、具体的な是正措置が講じられた。

　その手法は、当時において、一般的であった産業別あるいは地域別の団体交渉によるものではなく、企業レベルにまで引き下げられた労使協議によって行われるものであった。企業内において労働者代表が、使用者と交渉・協議して男女職業平等計画を策定し実施する。企業規模によっては実施の困難が予測されるので、企業規模に応じて(労働者600人以下)、国・企業・利害関係を有する女性労働者の3者の間で男女共働契約(contrats pour la mixité des emplois)を締結する。女性の仕事が一定のものに限定されず多様な分野となるように、これまで男性のものであると考えられ、女性が進出していない職業への女性の参入を後押しするために、職業訓練の実施や施設の改善を行うことが、この契約の定めるところである。この法律に基づく男女平等を進めるために、フランス政府は男女職業平等計画を策定し、男女共働契約を締結した企業に対して財政支援を行うこととした。これにより、企業による積極的な実施が行われると考えたのである。

　しかしながら、この新しいシステムによる男女平等は、目覚ましい成果をもたらしたとみることは

できない。原因の1つとして、企業レベルの労使交渉がうまく機能しなかったことが予想される。

ヒアリングによると、現在、フランスにおいては、企業交渉、事業所交渉においては、5大組合の労働組合委員のいずれかが、従業員代表委員として使用者との交渉にあたることが一般的とのことである。これは、1998年の法定労働時間を35時間とする第2次オブリ法において、35時間制の導入が、労働時間を短縮する企業・事業所別協定締結によって行われることとなっていたため、企業・事業所レベルにおいて、労働時間という重大な労働条件決定にかかわる労働協約の締結が行われる必要があり、これが可能となるよう、オブリ法において労働協約締結に関する法改正が同時に行われたのである[6]。

さらには、現時点でも、ヒアリングにおいて、女性の従業員代表委員は、「従業員代表委員の構成において男女比の格差があり、職場における男女平等に関する問題の解決に至らない場合があり問題であるとの見解を示している。1983年法が想定していた、女性が進出していない分野への進出は、教育訓練だけではなく、昇進や労働時間、育児休暇といった様々な問題に対処しなければならない。このようなことを考慮すると、オブリ法以前の1983年においては、企業交渉によって、男女職業平等にかかわる重要な労働条件を決定することは、革新的な取り組みであり、かなりの困難を伴ったことが推察される。

この問題点を日本の状況に比して考えてみると、日本の団体交渉は企業別交渉であるが、女性の昇進や職種の拡大においては、教育訓練だけでなく、労働時間や育児休業制度、短時間勤務、賃金といった多面的な要素について熟知した労働組合の代表者による交渉が必要であり、フランスと同様に女性の組合代表者が少ない状況においては、職場における男女平等において団体交渉の議題として取り上げられず、取り上げられても解決に至らないという同様の問題が生じる可能性を認識する必要があろう。

(2)2001年5月9日法[7]による企業労働協約による職場における男女平等の実現

職業における男女平等を検討する場合、女性特有の母性、すなわち、妊娠・出産という機能に伴う休業や労働時間の短縮をどのように考慮するか検討することが不可欠である。妊娠・出産、そして育児の多くの部分を女性が負担することによって、妊娠中の検診のための労働時間短縮や、出産休暇、育児休業と不可避的に労働の軽減が発生する。この労働の軽減を理由として、昇進、昇格、採用、配置に影響を与え、ひいては賃金格差が生み出されているからである。フランスの集団的労使関係法においては、労働時間、休暇、賃金といった重要な労働条件については、産業別団体交渉の結果としての産業別労働協約、あるいは、地域別団体交渉と地域別協定

---

[6] フランスの労働時間法制については、Gérard LYON-CAEN, Jean PÉLISSIER, Alain SUPIOT, Droit du travail 19e DALLOZ, Paris, 1998, p.883 et . suiv.；Antoine MAZEAUD, Droit du travail, pp.423 et suiv., Montcherstien, Paris, 1999；オブリ法については、拙稿「フランス労働時間制の変遷－35時間法の衰退－」佐藤俊一・鎌田耕一編『水野勝先生古稀記念論集労働保護法制の再生』(信山社、2005年) 235頁以下。

[7] JORF n°108 du 10 mai 2001 Texte n°1 LOI no 2001-397 du 9 mai 2001 relative à l'égalité professionnelle entre les femmes et les hommes NOR: MESX0004004L.

によって、定めるものであり、企業レベルで労使交渉によって決定することは予定されていなかったからである。このため、立法によって、男女平等に関する交渉を、労働協約の枠組みに乗せることが必要となった。

①団体交渉の義務づけと報告書の提出

2001年5月9日 法の4条は、毎年、男女の職業上の平等についてその目標と実現するための措置について、団体交渉を行うことを使用者に義務づけたものである。使用者は、毎年、女性と男性の間の労働条件について比較した報告書(旧労働法典L.432-3-1)を作成し、この報告書に基づき、男女平等を実現するための目標や対策について団体交渉を行わなければならない。最後の団体交渉から12カ月間を経過したにもかかわらず、使用者側から開始されない場合は、代表的労働組合(通常は、CGTやCFGT、FOなど全国組織である5大組合を指す[8])の労働組合代表委員の要請により、旧労働法典 L.132-28 が規定する期間内に、義務として企業団体交渉が行われる。労働組合組織による交渉要請がなされると、使用者が5大組合ではない他の代表組織に対し、団体交渉が行われる旨、8日間以内に伝達しなければならない。もちろん、使用者は、5大労組である労働組合との団体交渉によらず、男女平等について、毎年報告書を作成し、企業交渉において改善のため目標・対策を立て、指標を明確にすることも可能である。ただし、一度、目的と対策を規定する企業別労働協約が制定されると、協約の見直しは、3年ごとに延長される。男女平等の項目としては、募集採用・教育訓練、昇進、諸々の労働条件が対象となった(7条)。

②労働組合代表委員と労働裁判所の審判員の構成比の是正

さらに注目すべき点は、労働組合代表委員の男女比を是正するために、候補者名簿を男女同数にする、労働裁判所の審判員の構成名簿の男女格差を三分の一以下にするといった、男女平等を推進する組織の上での男女平等を図ろうとしたことである。労働組合の組織代表委員の構成比が男女において格差があり、これが男女平等の実現の足かせになっているとの指摘は、従来からなされていた。これは、フランスにおいて、労働条件が産業別労働協約、地域別労働協約によって定められるため、男性の労働組合代表委員が多い場合、女性が関心の高い労働条件や問題について、団体交渉のテーマとして取り上げられず、解決がなされないという傾向があったからである。このほか、公務員に対する男女平等取り扱いも規定された。

2001年法による政策の効果があったかというと否定的にならざるを得ない。「男女賃金平等法の法律案(Projet de loi relatif à l'égalité salariale entre les femmes et les hommes：

---

[8] 事務局脚注：フランスにおける5大組合とは、CGT（労働総同盟）、CFDT（仏民主労働総同盟）、CGT-FO（労働総同盟労働者の力）、CFE-CGC（管理職総同盟）、CFTC（仏キリスト教労働者同盟）を指し、全国的な代表性が認められ、所属組合には無条件で交渉権が与えられている（以上、JILPT 海外労働情報サイト https://www.jil.go.jp/foreign/jihou/2013_5/france_01.html）より。

Égalité salariale)」に関する報告書、「Rapport d'information sur le projet de loi relatif à l'égalité salariale entre les hommes et les femmes」に関するレポートにおいて、上院議員であるジゼル・ゴティエは次のように述べて、男女の賃金格差と女性の貧困について改善の必要性を指摘した[9]。

「事実として、労働市場は人口統計から判断して危機的な状況となり始めている。2006年から毎年10万人の労働者が退職する。したがって、人的資源を増大するために、就労者を増加させる必要がある。第2に、1990年代当初から、賃金引き上げのペースが遅いため、男女間の賃金格差は依然として25％に近い。しかも、この不平等を正当化するような客観的要素は、女性が男性よりも教育を受けている現在において、もはや消滅している。年齢、訓練、職業、キャリア形成の進展による賃金格差への影響が中和されれば、賃金格差は15％まで縮小されると考えられる。一方、女性失業率の上昇は継続しており、82％の女性は短時間勤務で働くことが多いとされている。さらには、単純労働の78％が女性によって行われており、一般的に考えると賃金上昇の望みはない。このような経済的不安定さは、特に子供の養育責任を負う場合、生活水準に重大な影響を及ぼす。SMIC（最低賃金）よりも収入の少ない840万人の労働者のうち、80％が女性である。この割合は、1990年代初めの状況より約10％高い」。

フランスにおいては、2001年5月9日法以後も、賃金、年齢、職業訓練、昇進における男女の不平等が改善されず、有期雇用の形態で単純労働に従事する女性労働者の貧困が問題となっていた。この点、日本と同様の問題を抱えているとみることができよう。

（3）2006年男女賃金平等法－産業別労働協約による男女平等の実現

2006年男女賃金平等法の法律案は、2005年3月に下院に提出されたが、法案に対して上院と下院の一致が見られなかったので、上院下院同数委員会（commission mixte paritaire）が設けられた。幸い、委員会で合意が得られ、上院・下院の審議を経て可決されたが、法案の憲法違反と考えられる点があるとして憲法院に送られ、複数の条文の削除という修正を受けて、2006年2月24日に成立した[10]。2006年法も、産業別、企業別の団体交渉によって、男女の給与格差の是正を図るものであった。

①使用者の男女賃金格差の報告書の提出と行動計画－産業別協約による男女平等の実現

2006年3月24日法の4条は、従来の企業単位の交渉に加えて、産業別団体交渉によって、2010年12月31日までに、男女間の賃金格差を解消するための措置を定義し、計

---

[9] Projet de loi relatif à l'égalité salariale entre les femmes et les hommes : Égalité salariale. Rapport d'information sur le projet de loi relatif à l'égalité salariale entre les hommes et les femmes Accéder au dossier législatif Rapport d'information n° 429 (2004-2005) de Mme Gisèle GAUTIER, fait au nom de la délégation aux droits des femmes, déposé le 28 juin 2005.

[10] *JORF* n°71 du 24 mars 2006 page 4440 texte n° 2
LOI n° 2006-340 du 23 mars 2006 relative à l'égalité salariale entre les femmes et les hommes
NOR: MCPX0500038L.

画することを目的とした。2001年法による労働法典（旧 L.132-12）が規定する、使用者が作成した男女間の賃金格差の実態報告書に基づいて、旧労働法典 L.140-2 の規定する意味での賃金、すなわち、基本給、時給のみではなく、諸手当、職務給等を含めた賃金という意味での男女間の報酬の差異が確定される。その賃金格差をどのように解消するかという方法を定めなければならないのである。

2006年3月23日法の公布後1年を経ても、使用者が自らのイニシアチブによって、男女の賃金格差の交渉が行われない場合、15日以内に労働組合側から要求を行い、義務的に団体交渉が開始される。団体交渉が行われ合意が形成された場合は、労働監督署に合意書を提出する。合意に至らない場合には、その旨の書面を提出する。この場合、使用者側と労働組合側の合同委員会が開かれる。

締結された協約は、雇用・連帯省に寄託されるものとする。労使の意見の不一致に関する書面か合意書の提出、またはそれらの提出がない場合、合同委員会は、労働担当大臣のイニシアチブの下で会合を開き、団体交渉が継続される。

団体交渉は、真摯にかつ公平に行われなければならず、報告書が不十分であるといった場合においても、合同委員会が開かれる。使用者は、双方が男女平等の実情について完全な知識を持って交渉できるように労働組合組織に必要な情報を提供し、合理的な方法で労働組合組織の提案に対応しなければならない。

また、これらの是正措置等については、国家団体交渉委員会（la Commission nationale de la négociation collective）がこれらの措置適用のバランスシートを作成し、年次報告が行われるとされていた。

②2006年法における企業協約による是正措置

2006年法は賃金の是正を企業別協約においても行うこととしていた。これは、労働時間短縮における団体交渉が極めて良好な成果を上げたため、団体交渉による男女格差の是正においても、企業に即した交渉と協約が一定の効果をもたらすと推察したからであろう。

2001年法と同様に、旧労働法典 L. 132-27-1 に従い、使用者が、毎年、女性と男性の間で生じうる賃金格差の実態について報告書を作成し（旧労働法典 L. 432-3-1）、その報告書に基づいて、賃金格差を解消するための措置を定義し、計画するとした。そして、この是正は、2010年12月31日までに行われなければならないと期限を設定したのである。期限の設定は、労働時間短縮の期限内までに実行した企業に対して、社会保険料の軽減を図った35時間制度導入時と同様である。これに加え、2006年法は期限までの実施を促すために、次のような規定を置いた。

2006年3月23日法の公布後1年を経ても、使用者が自らのイニシアチブによって、男女の賃金格差の交渉が行われない場合、15日以内に労働者側から要求を行い、義務的に団体交渉が開始される。産業別団体交渉と異なるのは、企業別団体交渉の場合、実際の賃金に関する

企業協約が、管轄の行政当局に提出されることはない点である。しかし、男女の賃金格差に関する交渉について、労使の提案を記録することが求められ、この団体交渉記録により、使用者が真摯に誠実に交渉にあたったことが証明されることになる。真摯で誠実な交渉とは、使用者が企業内の 5 大労組など代表的な労働組合組織に対し、交渉の場所と日時を提案し、男女の格差について、十分な実態に関する情報を提供し、合理的な方法で労働組合組織の提案に応じることを意味する。協約の提出は求められていないが、団体交渉が合意に至った場合には、県労働雇用職業訓練局（DDTEFP Direction Départementale du Travail, de l'Emploi et de la Formation Professionnelle）に対し、合意書を提出する。合意に至らない場合はその旨の書面を提出する。

　また、賃金の是正においては、当然に昇進や職業訓練、解雇の規制など様々な労働条件の是正が絶対的に不可欠である。この点産業別交渉においては、労働者側に 5 大組合から労働者代表委員が団体交渉に参加すると考えられ、賃金是正においてどのような労働条件を是正すべきか、一定の認識があり、また組合組織からのサポートが得られると考えられる。

　それゆえに、企業における団体交渉においては、代表的な労働組合組織に対する情報提供を義務づけた点、企業協約に代表組合を関与させ、交渉の実現を促進しようとしたと思われる。企業に代表的な労働組合代表委員が存在すれば、このような方法は機能すると考えられる。しかし、企業においては、代表的な労働組合の従業員代表委員を欠き、労働者側の交渉技術や前提となる知識が十分ではない場合も多々あると予測されよう。このような点を考慮したのか、企業別団体交渉においては、男女の賃金格差の是正以外にも、フルタイムの正社員のみを対象としないこと、短時間労働者（短時間労働正社員含む）の雇用へのアクセス、職業訓練と昇進・昇格、労働条件、ワーク・ライフ・バランスを交渉の議題として義務づけている。このため、企業側は、男女の賃金格差の現状だけでなく、募集採用、賃金以外の特別手当などを含めた報酬、職業訓練について、さらには、ワーク・ライフ・バランスという観点から、育児親教育休暇の状況や労働時間、また、短時間労働者について、短時間労働者の数、性別、労働時間等についても、労働者に情報を提供することが義務づけられる。

　さらに男女職業上の男女平等高等評議会（Le Conseil supérieur de l'égalité professionnelle entre les femmes et les hommes）は、法令で定める評価方法に基づいて、男女の職業上の平等に関する是正措置の中期評価を行い、この評価報告書は国会に提出される。

　その際に行われた評価に基づいて、政府は、必要に応じて、男女賃金格差是正を行わない企業、労働法典に規定する男女格差是正のための団体交渉を行わない企業にする法案を議会に提出することができるとして、2006 年法の強制力を強化したのである。その結果、2017 年 9 月 22 日のオルドナンス[11]は、企業における義務的な団体交渉事項を定め、違反した場合は制裁金

---

[11] *JORF* n°0223 du 23 septembre 2017
　　texte n° 31.

が科せられるとした。

　なお、50人以下の中小企業において、労働組合代表委員を欠く場合、労働法典に規定される毎年の団体交渉を行う義務を免れるが、女性と男性の職業上の平等の目標とそれを達成するための措置を考慮する義務が課せられるとした。

③2006年法による妊娠出産育児を理由とする不利益取扱いの禁止

　このほか、労働法典ですでに規定されていた職業上の男女平等を導くために重要な関係性を持つ、妊娠・出産・育児を理由とする不利益な取り扱いを防ぐために、諸条文に対して、いくつかの改正を加えた。

　2006年法の13条は、旧労働法典L.123-1を改正し、「家族の状況（la situation de famille）」を理由とする差別という表現を「家族の状況あるいは妊娠」を理由とする差別との文言を加え、「性別、家族構成、妊娠を理由として、雇用、配置、配置転換、契約更新、賃金、職業訓練、配属（affectation）昇進、昇格における差別を禁止」するとした（現行労働法典 L.1142－1）。これにより、明確に妊娠による差別が禁止された。

　子育てに関する休暇と給与については、1条において、出産休暇（congé de maternite）、養子受入休暇（congé a'adoption）を取得した場合に、同じ部門の同職位の同僚の平均と同じ昇給が保証されるとの規定も加えられた。10条は、50人以下の中小企業において、出産休暇、養子受入休暇を取得する労働者の代替として、派遣社員を雇用する場合には、政府が補助金を支給すると定めている。また、15条は、出産休暇について、出産において6週間以上の早産による出産で、母親が出産休暇を延長する必要がある場合、出産休暇手当（'indemnité journalière de repos）が増額されるとした。また、19条は日本と同様に、保育園や保育ママ、ナニーの雇用といった自分に代わる保育手段がなく、母親、親せきなどの保育も困難である場合、いかなる保育手段もないとして、親教育休暇（congé parentale d'edugation）を6カ月間延長できると定めた。

　また、フランスにおいては、出産休暇、育児親教育休暇の取得は、労働契約の中断であり、休暇の取得を理由とする解雇が禁止され、復職においても、同職位、同賃金が保証されている。このため、11条は育児親教育休暇取得中であっても、職業訓練を受けることができるような規定を置いた（現行法典 L.6321-10、D.6321-8）。これは、産業別協定が結ばれた場合においてであるが、労働時間を短縮し復職した場合などに、労働時間終了後、子供を保育施設に預け職業訓練を受けている場合、職業訓練に対する手当（allocation de formation）を最低でも10%増額し給付するとしている。

Ordonnance n° 2017-1386 du 22 septembre 2017 relative a la nouvelle organisation du dialogue social et economique dans l'entreprise et favorisant l'exercice et la valorisation des responsabilites syndicales.

④2006年法の成果

2006年法によって華々しい成果があったといえるであろうか。2006年には男女給与格差問題について取り上げた協定は約400であった。とはいえ、例えば、全国組織で代表的組合であるCGT-FOと銀行部門における産業別協定において、フランスの銀行連盟（Association française des banques）が銀行員と管理職から構成されるCGT-FOとの間の協定において、男女職業平等協定（2006年11月15日）が締結され、賃金格差が大きく、その理由は女性管理職が少ないことであるとして、2010年末までに女性の管理職を40%にするとの目標が立てられた。この協定は、全国協定となり、法律と同等の強い強制力を持つこととなった。

また、テキスタイルの産業別協約の「2008年4月15日職業における男女平等に関する協約[12]（Accord du 15 avril 2008 relatif à l'égalité professionnelle entre les femmes et les hommes）」が、織布工業の経営者と皮革、織布、布製品などにおける部門の大組合のFO, CFDT, CFTC, CGT, CFE-CGC等の間で締結され、採用、昇格・昇進、教育訓練、ワーク・ライフ・バランスを実現するための労働時間設計と計画、例えばフルタイムと短時間勤務の間の変更など労働条件の策定、男女同一賃金などについて、規定する全国協定となった。

2008年以降、男女の賃金格差と労働時間格差の差異がわずかではあるが下がっており、縮小する傾向がみられる。しかしながら、これを2006年法による問題の解決ということはできないと評価されている。

⑤ブルターニュ地方における職業上の男女平等における問題とフランス全土での類似性

2009年、ブルターニュの職業における男女平等の分析結果は、厳しいものである。ブルターニュは、フランス西部、大西洋に突き出たブルターニュ半島に位置する地域県で、レンヌが中心都市であり、農業、漁業、観光業が主たる産業の地域である。そして、経済的に中位にあるブルターニュの分析は、職業における男女格差も平均的なものであり、パリを含むイル・ド・フランスなど上位の地域県では、その格差がブルターニュ以上に増大するとされている。ブルターニュに対する2009年の男女の職業上の格差についての分析は次のようなものである[13]。

2009年、ブルターニュの私的企業、国営企業など公的な企業、公務員の男性の1カ月の賃金は2,308ユーロ、女性の賃金は、1カ月あたり1,731ユーロで、男性の4分の1少ないのである。男女の労働時間格差が小さい場合、このような格差が生じる原因は、多くの場合、時給の格差から生じる。この原因は、女性は男性と同様の職務に従事しておらず、女性が従事している職務の賃金が低く抑えられているからである。さらに、男性は、教育訓練、昇進・昇格といったキャリ

---

[12] Convention collective nationale de l'industrie textile du 1er février 1951. Etendue par arrêté du 17 décembre 1951, rectificatif du 13 janvier 1952, mise à jour le 29 mai 1979, en vigueur le 1er octobre 1979. Etendue par arrêté du 23 octobre 1979. JONC 12 janvier 1980 - Textes Attachés - Accord du 15 avril 2008 relatif à l'égalité professionnelle entre les femmes et les hommes.

[13] Audrey Baëhr, Mickaël Bréfort « Égalité entre les femmes et les hommes : des écarts tout au long de la vie » INSEE ANALYSES HAUTS-DE-FRANCE N° 44No 44Paru le：07/03/2017.

ア形成において大きな恩恵を受けている。男性と同じ年俸を得るためには、女性は、年に4半期分、長時間労働をこなす必要があることになる。男女の賃金格差は、労働時間から生じているとの指摘もある。女性の37％が短時間労働に勤務しているのに対し、男性の割合は16.3％だからである。しかし、これによって、すべてが説明できるわけではない。フルタイム労働であったとしても、女性の月額賃金は2,120ユーロであり、男性の月額賃金は2,520ユーロである。これは、やはり、時給の格差から生じるものである。女性の時給は男性のそれよりも14.3％低く、平均時給は、女性13.8ユーロと男性16.1ユーロである。理解しておくべきことは、男女間の賃金格差が、ブルターニュ特有のものではないということである。特にパリ近郊であるイル・ド・フランス地域県のような平均賃金が高い地域ではこの格差はさらに大きな問題となる。ブルターニュは、賃金水準が中間にあり、これにより格差の拡大が抑えられる傾向にあるといえるのである。

その後、このような状況に対しオルドナンスやデクレによる修正が試みられてきた。しかし、第2節で取り上げる分析のように、これまでの法改正によっても十分に男女の職業における平等が実現されたとは言えず、2018年9月にさらなる改正が行われる運びとなるのである。

(4) 2018年9月5日法による職場における男女の平等に対する法規制

男女の賃金格差の是正のスピードが極めて遅い中で、職場における自由な選択のための2018年9月5日法が成立した[14]。この法律は5章116条からなる比較的大きな法律であり、第5章に「女性と男性の平等な賃金と職場での性暴力と性差別に対する闘い（Egalité de rémunération entre les femmes et les hommes et lutte contre les violences sexuelles et les agissements sexistes au travail）」を置いている。

そのうちの、IIaは「企業における女性と男性の賃金格差を解消するための措置」を定めたものである。

①50人以上の企業における使用者の賃金格差の指標と是正措置の公表義務

2018年9月5日法の104条は、L.1142-7を新設し、「使用者は、女性と男性の賃金格差を解消するという目標を考慮する」と使用者に賃金格差を是正する義務があることを明確にした。その方法は2001年法や2008年法と同様で、企業規模に応じた義務を課している。50名以上の企業においては、L.1142-8において、「50人以上の労働者を雇用する企業においては、使用者は、デクレによって規定された方法に従って、男女の賃金格差に関する指標とそれを解消するために実施される措置を毎年公表しなければならない」とされる。

②団体交渉による是正措置の義務づけ　それを欠く場合の措置

L.1142-9は、「50人以下の従業員を有する企業において、L.1142-8条に記載された（賃金

---

[14] JORF n°0205 du 6 septembre 2018 texte n° 1 LOI n° 2018-771 du 5 septembre 2018 pour la liberté de choisir son avenir professionnel (1) NOR: MTRX1808061LORF.

格差の）指標に関して企業が得た結果が、新しくデクレで定められた基準を下回った場合、L. 2242-1 条の 2°で規定されている職業上の平等に関する団体交渉によって、適切かつ妥当な是正措置、必要に応じ、賃金を引き上げるような財政措置を提供する協約がない場合、社会経済委員会（comité social et économique）の助言の下、使用者が是正措置を決定する。この決定は、L. 2242-3 条に記載されている行動計画と同じ条件で行政当局に提出される。行政当局は、協約または使用者の決定が規定する措置について助言することができる」とした。

③是正の期間と期間内の是正がない場合の罰金

また、男女賃金格差の指標を是正する期間については、L.1142-10 が「少なくとも 50 人以下の従業員を有する企業において、L. 1142-8 条に記載された（賃金格差の）指標に関して企業が得た結果が、新しくデクレで定められた基準を下回った場合、企業は 3 年の期間を遵守し、基準に適合するよう是正しなければならない。この期間の終了時に得られた結果がデクレで定める基準を下回る場合、使用者に対し金銭的制裁が科せられる。本条の規定に基づいて、使用者に罰金が適用された場合、使用者は、L. 2242-8 条に規定された金銭的制裁を科せられることはない」と定め、3 年の期間内に是正措置を取ることを使用者に義務づけ、これができない場合、罰金を科すと定めた。また、罰金の金額については、「本条の 1 項が規定する金銭的制裁の金額は、社会保障法典 L. 242-1 条の 1 項と農業と海洋水産業法典の L.741-10 条の意味する、本条 1 項に規定された期間満了前の暦年に労働者または労働者類似の者に支払われた賃金と利益の最大 1％とする。その金額は、デクレによって定められた条件に従い、行政当局によって決定される。男女の賃金平等を達成しようとする当該企業の努力と達成し得なかった場合の理由に応じて、さらに 1 年間の是正期間が認められる可能性がある」とした。すなわち、是正期間 3 年間の最後の年において、企業の労働者に支払われた賃金と企業の利益の総額の 1％以下が使用者に罰金として科せられるのである。この制裁金を定めたことにより、使用者に対し男女賃金格差是正に向けた強い義務が課せられたことになる。

また、制裁金は「この罰金によって得られた金銭は、社会保障法 L. 135-1 条に記載された基金に配分される」とされ、社会保障費に充填されることになる。労働時間短縮の促進が求められた 1998 年の 35 時間制導入の際には、企業協約を締結し、労働時間の短縮を行った企業に対し、社会保障費の軽減という飴の政策を採用していた。男女賃金格差の是正においては、企業協約における実施という手法は同一であるが、社会保障費の増額負担という鞭の政策を採用しているとみることができるのである。

④報告書の作成義務と男女平等のための交渉事項としてのセクシャルハラスメントの防止

また、2018 年法 4 条は男女の職業的平等のために、企業が報告書を作成し、それに基づいて産業別、企業別の団体交渉を行うこととする点について、次のように、労働法典 L. 2232-9 条の II の№3 に、団体交渉で定めるべき内容を追加した。「これはまた、男女の職業的平等を実現

するための産業別の行動計画、特に、(採用の際における労働者の)職位認定(classifications), 男女の採用(la mixité des emplois)の促進、事業所レベルにおける職能資格(d'établissement des certificats de qualification professionnelle)の推進、女性と男性の職位に占める割合を示す指標と職位の性質と企業が実行するための方法について、性的嫌がらせや性的行為の防止対策」を含むものとした。

⑤制裁金についての規定

2018年9月5日法のArt104条は、制裁金の規定についても、労働法典L 2242-8条は企業における義務的な団体交渉事項を定める2017年9月22日のオルドナンスによるものであり、違反した場合は制裁金が科せられるとするものである。前述のように、改正前までは、労働協約が締結されず、利用者が是正措置を取らなかった場合に制裁金が科されていたが、この条文が規定する「罰金は、第 L.1142-2 条に規定されている情報が公表されていない場合、または1142-9条に定める条件を欠く場合」においても科せられるとした。

また、2項について、2018年9月5日法による改正以前は、賃金と利益の1%の制裁金規定について、その対象を「協約または行動計画で定めていない場合」としていたが、「本条の 1 項と2 項(premier et deuxième alinéas)の定める諸義務のうちの1つに違反した場合」において、制裁金が科せられるとした。したがって、義務的団体交渉事項とされる項目について、交渉を行わなければならず、その前提として団体交渉の資料となる男女の職業上の格差の指標を作成しなければならないであろう。さらには、協約を締結し、格差を是正する行動計画を立てなければ、制裁金が科せられるのであるから、企業に対し一層の是正措置が求められているということができよう。

⑥女性幹部・管理職の増加のための商法典の改正

2018年9月5日法は、商法典L.225-37-1、L.225-82-1とL.226-9-1を改正の対象とし、商法においても、職業上の平等を規定した。さらには、商法典L.225-37-4条の6の後に、また、女性の上級管理職を増加させるために、「この規定は、会社が企業の委員会(comite)において、女性と男性のバランスの取れた代表組織を実現するために、女性の人材を募集しているという公告によって完遂されたものとする。実現できない場合は、より重要な責任を負う職位の 10%が女性となるような比率が実現するよう、経営陣らが継続的に通常の任務として、支援する」とした。

なお、2018年9月5日法は、250人以上の従業員を抱える企業の場合は2019年1月1日までに、従業員数50〜250人の企業の場合は2020年1月1日までに実現させなければならないとしており、政府は、2022年1月1日に既存の指標に基づいて、均等賃金の尊重に与えられた保障の有効性を評価する報告書を議会に提出することとなっている。

3. 男女平等にかかるその他の取り組み（優良企業認定、助成金など）

　フランスにおける男女平等を促進するための手法として、行政的、法的な規制のほかに、日本と同様の認証マークによる優良企業認定制度と公契約制度を用いたものがある。

(1) 優良企業認定制度　ラベル・エガリテ(Le label Égalité)

　ラベル・エガリテとは、「平等マーク」という意味であり、職業における男女平等を実践している証として、広報活動などの場面で使用することができるマークである。それにより、専門認証機関の広報サイトによれば、「企業イメージに対する貢献や優秀な女性人材の確保、男女のみでなく、全員の労働条件を改善する、全従業員に意欲的でポジティブな企業文化を育てる、労働者の退職を防ぎ、就労意欲を動機づける、人事管理と CSR への取り組みを体系化する、経営の改革に利する、仕事やスキルの予測管理を容易にする、継続的な雇用管理の改善、マークの利用による他社との差別化、性別の多様性による全体的なパフォーマンスの向上、職業的平等の観点から規範的なものとして認識される、持続可能な開発の取り組みへのコミットメントを認識する、職業的平等の対象となる法律の尊重を証明する、社会的対話を促進する」といった点が挙げられており、企業のメリットを強調している。マークは、その企業規模、企業活動にかかわらず、どの民間会社、非営利の団体・協会または行政機関であっても、認証の対象となる。取得しようと考える組織は、応募書類を AFNOR という民間の認証機関に提出する。

　AFNOR は認定において、職業的平等に資する行動の実施を、①職業上の平等に賛同する応募会社の措置、②人事管理、③管理職における子育て支援の 3 つの分野における複数の基準で評価し、国、労働組合、使用者団体から構成されるラベル・エガリテ委員会に報告書を提出し、委員会はこれに基づいて、過半数の議決によりラベル・エガリテ認定の可否を決定する。

　現在までに、企業や行政で働いている約 75 万人の従業員は、この平等アプローチによる恩恵を受けているという。HP には多数の企業があげられているが、例えば、日本で知られている企業としては、日本にも進出している保険会社の AXA フランス、大手銀行の BNP パリバ、日本にも一時期出店していた巨大スーパーや小売り・流通のカルフール、同じく小売り・流通のカジノ、パリ管弦楽団の本拠地で公共施設として音楽文化の推進や、コンサート等音楽に関する文化的展示を行うあるシテ・ドゥラ・ミュジーク、コカ・コーラ、フランス国鉄 SNCF、ガス・電力の公社である EDF、郵便業務を行う LA POSTE、エアバス、パリ市水道局、フランスの文化省、外務省、労働省、公衆衛生連帯省、スポーツ省などの公的機関、化粧品大手のロレアル、自動車会社のプジョー・シトロエン、マスタードで有名なディジョン市など、多岐にわたっている。

(2) 公契約における職業上の平等の推進

　公契約とは、極めて、簡単に言うならば、公官庁、公的企業が契約を結ぶ場合、その契約締結において法を遵守し社会に貢献する、特定の条件を満たした企業とのみ契約を締結するものである。EU では、普遍的な姿絵となっているが、現在の日本においてはあまり一般的な概念ではな

い。公契約と職業上の男女平等について言及するにあたり公契約の概略を説明する。

①ILO 条約

公契約に関する国際条約としては、すでに、1949 年 ILO「公契約における労働条項に関する条約（94 号）」を採択している。また、公的な機関が一方の当事者として契約を締結し、その契約の相手方の当事者が労働者を使用する場合において、適正な賃金と労働条件で雇用することを契約の条項に定めるものである。例えば、国や地方自治体、国立病院や自治体が運営する交通機関などの当事者として、公的な資金を支出して病院の建設や路線の拡張工事などの建築契約を締結する場合に、相手方当事者が工事に従事する労働者と締結する労働契約の労働条件が、国内法や団体協約などによって定められた労働条件に劣らない有利な賃金、労働時間、その他の労働条件を定めるとする条項を、建築契約に定めるのである。フランスは 1951 年にこの条約を批准しているが、フランスのパリ市における公契約法/条例の制定はさらにさかのぼり、1888 年に公共土木工事に関する請負契約書の中に賃金に関する条項の挿入を義務づけ、当該地域の通常の賃金の支払いを保証させる措置を講じたものであると指摘されている[15]。

②公契約(les contrat des marchés publics)・公共調達 (la passation des marchés publics)

公契約法は自由な競争(la libre concurrence)の侵害に対して闘う手段を構築するものである(Ordonnance du 1 décembre 1986)。特に、公契約の締結の過程でなされた違法行為と闘う方法を構築するものであるとされる[16]。この、自由な競争とは、当然、自由で公正な競争であり、収賄などの汚職はもちろんのこと、違法な外国人労働者を低賃金で雇用するなどといった犯罪行為がないこと、職業上の平等、といった法律上の違反がなく、企業の社会的な責任を果たしているということが契約締結の候補者として公募するうえでの前提となる。また、公法人(personnes public)が多くの公契約を締結するということに加え、選考手続きの透明性を確保する。

③EU 指令

第 2 の目的は、公契約に関する EU 指令に従って、より広い範囲で公契約の公募がおこなわれ、適正な競争に基づいた入札が行われる機会を高めることである。EU 加盟国において EU 指令に基づいて、公契約法が整備されたことによって、よりよい物をより安く、より質の高いサービス（特に納期など）を購入することによって得られた利益は、EU 加盟 27 カ国において、2009 年単年で、2,300 兆ユーロになるとされており、公契約規制の重要性が再認識されているが、EU・フラ

---

[15] 古川景一「公契約規制の理論と実践」労働法律旬報 No.1581（2004 年）50 頁。松井裕次郎・濱野恵「公契約法と公契約条例―日本と諸外国における公契約事業従事者の公正な賃金・労働条件の確保―」レファレンス　平成 24 年 2 月号　53 頁　国立国会図書館調査及び立法考査局。
[16] Gérand AUBIN et Jacques BOUVERESSE *Introduction historique au droit du travail* pp.123.

ンスで、現在、強い関心を持たれている理由の 1 つとして、EU の GNP の 18%にあたるとされる経済的な規模の大きさが挙げられる。 2 つ目は、その経費節減の効果である。フランス政府は、2008 年 12 月 3 日に首相通達で定められた国の調達政策では、2012 年までに公共調達に充てられる経常費 100 億ユーロのうち、約 1 割にあたる 10 億ユーロを節約目標額として掲げており、2010 年 4 月にすでに 5 億ユーロの経費節減が行われたと述べている。

また、このほかの公契約・公共調達において、①より環境に配慮した消費形態を促進するため、2008 年 12 月 3 日に首相の通達で定められた持続可能な調達計画を実施する。②障害者ならびに長期失業者の社会参加および雇用を、公契約を通して促進する。③すべての行政庁の公募に関する情報をよりよく公開し、中小企業の公契約へのアクセスを拡大する、という目標が掲げられた。このように、労働政策とリンクさせた公契約による推進が図られるのである。

フランス政府は、2009 年に国家調達局を設置し、各省庁に調達責任者を置き、調達業務は全省で専門職化されている。国家調達局が各省の調達責任者を統括し、さらに、地域圏庁に配置された地方調達官によって現場に伝えられることになっている。このような行政システムによって、十分に検討されたうえで締結される公契約が、国、各省庁において増加すると考えられている。したがって、公官庁、地方公共団体、電気、ガス、公共交通機関、文化施設などの公的な企業と取り引きを行うすべての企業は、公契約の締結に向けて、様々な法規範の遵守、環境への配慮、職業上の男女平等、女性の社会進出など、公契約において審査される可能性のある点に留意し、改善に努め実践しなければ、契約の締結、更新が難しいのである。

フランス国内法として、295 条の条文からなる公契約法典と、5 回にわたって出されたデクレから構成されている。また、EU においては、20 回にわたって EU 指令が出されている。EU加盟国であるフランスは、EU 指令に基づいて国内法を整備し、EU 裁判所の判決が出た場合に、国内法の解釈を整合させる必要がある。EU 指令においては、公契約における政策的な役割が重視されるようになっている。フランス国内においても、指令の改正に従って、従来の国内法が規定していた合理的な公共調達を行い行政機関の財政の節約といった役割に加え、行政機関や地方自治体の政策において、入札の条件として、物品を購入する場合に廃棄処理手段も選考の条件として環境問題への対処を行う、今まで契約を締結する機会が少なかった中小企業をも公募という形で入札に参加し得るので優良な中小企業の育成を図る、公共工事の入札に下請けの会社の労働条件を定めることによって賃金や労働条件の引き上げを行うなどの法改正が行われた。その結果、公契約は労働法の分野においても、様々な局面で、政策実現のための役割を果たしている。

2014 年 2 月 26 日の EU 指令は、公契約が 2020 年 EU 戦略の重要な役割を果たすものとして位置づけ、公契約締結者が公契約を環境保護や雇用政策といった政策目的の実現のために効果的に行使することを求めている[17]。具体的には、環境保護、電気エネルギー、雇用、気候

---

[17] *Journal officiel de l'Union européenne 28.3.2014* L 94/65 DIRECTIVE 2014/24/UE DU PARLEMENT EUROPÉEN ET DU CONSEIL.

変動など具体例を挙げて、公契約の政策的な活用を義務づけたとみることができよう。

　フランス国内においても、「女性と男性の真の平等に関する 2014 年 8 月 4 日の法律」が規定された[18]。これは、公契約の場合の契約応募者に、職業における男女平等に関する遵守規定を定め、違反がある場合、企業は公的企業との契約禁止を規定するものである。

　女性と男性の実質平等のための 2014 年 8 月 4 日の法律 16 条は、公的契約への候補者となりえない以下の 3 つの新たな違反規定(かつ 5 年以下の懲役判決を受けた者)を設定している。

①性別に基づく差別(3 年間の懲役と 45,000 ユーロの罰金刑、刑法の L.225-1 条の犯罪)。
②女性と男性の間で専門的平等を無視(労働法典の違反として刑事制裁 L.1146-1 の 1 年の禁固刑と 3,750 ユーロの罰金)。これは、雇用における差別、契約や更新、賃金の差別、職業訓練、配置転換、昇進、性別を理由とした差別である。
③調達手続の前年の 12 月 31 日までに、女性と男性の職業的平等について交渉する義務を尊重していない企業は、公共調達、公契約の締結者からは除外される。

　フランスにおいても、EU においてもその経済規模が大きいだけに、企業にとって公契約から締め出されることは一定の損失となる。このため、公契約による職業上の男女平等の遵守を求めることには、一定の効果が期待できよう。

第 2 節　企業における女性活躍・雇用均等の実態
1. 企業における女性労働者の現状
(1)教育における男女格差

　フランスには、小学校から落第の制度がある。2017 年は、女子は、落第せずに進級する率が男子より高く、14 歳の時に 78％が第 3 学年に進級しているが、男子は 72％であり、17 歳の時に女子は 58％が最終学年に進学しているが、男子は 47％である。バカロレアの取得率も女子の方が高く、バカロレア取得後に教育を受け続ける割合も女子の方が高いことを指摘している(図表 1-1、1-2 参照)[19]。日本と同様に男女の教育格差がない状態であり、数値的には、女性のほうが上回っている。教育格差がないからこそ、男女の賃金格差に帰結する職業における男女格差が問題であると指摘されている。

---

　　du 26 février 2014　sur la passation des marchés publics et abrogeant la directive 2004/18/CE.
[18] *JORF* n°0179 du 5 août 2014 page 12949 texte n° 4 LOI n° 2014-873 du 4 août 2014 pour l'égalité réelle entre les femmes et les hommes (1.
[19] 第 2 節における統計資料と分析の教育については、Catherine Demaison, Laurence Grivet, Denise Maury-Duprey,Séverine Mayo-Simbsler, Stéphane Tagnani　*Femmes et hommes, l'égalité en question,* édition 2017 - Insee Références édition 2017 - pp.111 suiv.

図表1-1 男女14歳から17歳における就学率（2014年―2015年）

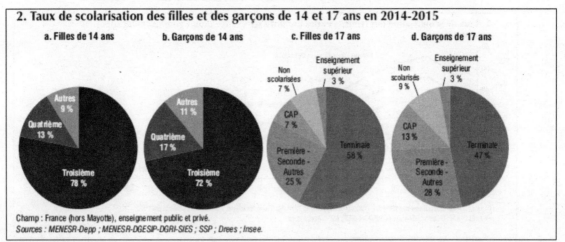

出所：Femmes et hommes, l'égalité en question, édition 2017 - Insee Références édition 2017

```
a.女子14歳      b.男子14歳      c.女子17歳      d.男子17歳
中学校(コレージュ)Collège           14歳   第3学年   Troisième
                                  13歳   第4学年   Quatrième
高等学校：(リセ)Lycée              17歳   最終年    Teminale
                                  16歳   第1学年   Première
                                  15歳   第2学年   Seconde
職人資格取得過程＝CAP (Certificat d'Aptitude Professionnelle)

高等教育機関  ＝Enseignement superierur(大学教養課程・専門学校教育・グランゼコール準備過程
               など)
 Femme 女性  Homme 男性
```

（2）就労率における男女格差[20]

では、雇用という点においてはどうであろうか。フランスの2015年の15歳から64歳までの就労率（taux d'activité des personnes âgées de 15 à 64 ans ）は71.5％であるが、女性は67.6％であり、男性の75.5％より8ポイント低くなっている。しかしながら、女性の就労率が上昇し、フランスが家族政策を共働きの家庭をモデルとして行うようになった1975年から、継続的に女性の就労率は上昇しており、男性の就労率がほぼ一定であるので、この40年間で男女の就労率は20ポイント縮小したと指摘している。近年10年に限ってみると、女性が3.2ポイント上昇しているのに対し、男性は0.3ポイント上昇しているのみである。また、女性においては、55歳から64歳の女性の就労率が8.8ポイント上昇しているのに対し、男性は6.3ポイントである。その一方で、全体として、女性の就労率は男性より低く（図表1-3）、年齢別、資格別（図表1-4参照）にみても同様に男性より低い値となっている。

---

[20] Catherine Demaison, Laurence Grivet, Denise Maury-Duprey,
Séverine Mayo-Simbsler, Stéphane Tagnani　前掲（16）pp.118 suiv.

図表1-2 バカロレア取得後、高等教育を受ける男女の割合

図表1-3 1975年から年齢別・男女別の就労率の変化

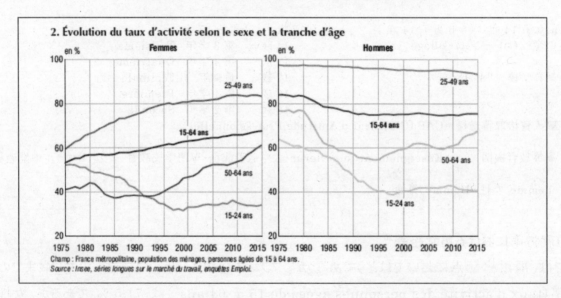

図表1-4 2005年と2015年における 取得資格・年齢、男女年齢別雇用率

	2005			2015		
	女性	男性	全体	女性	男性	全体
Taux d'emploi des 雇用率 15歳から64歳	58.4	69.3	63.8	61.1	67.5	64.3
15歳から24歳	26.9	33.8	30.3	26.4	30.3	28.4
50歳から64歳	49.5	58.2	53.7	57.2	62.4	59.7
Diplôme supérieur 高等教育資格(大学3・4年、大学院・グランゼコールなど)	75.3	81.8	78.5	79.5	84.6	81.9
Bac＋2（バカロレア取得後、2年の教育、大学教養課程など）	76.8	82.5	79.3	78.9	83.3	80.8
Bac ou brevet professionnel （バカロレアあるいは理容師・パン職人・スポーツ指導などの職人としてのバカロレアに相当する国家資格18歳で取得）	59.1	67.7	63.0	60.4	67.4	63.7
Brevet des collèges（中学卒業資格、14歳で取得）	39.1	47.3	42.8	31.6	34.4	33.0
CAP. BEP（中学卒業後、15、16歳で取得する職人資格）	65.6	78.6	73.1	64.2	71.8	68.5
Aucun diplôme ou CEP（資格なし、あるいは11歳から14歳の教育を受けた）	43.8	57.2	50.3	39.0	50.7	44.8

女性において年齢別の就労率を比較した場合、若年の女性労働者の不就労が顕著である。この点について、上述の調査報告者は、第二次世界大戦後の若い女性労働者と比較して、現代の労働者は3年遅く平均して19.9歳の時に、初めて、職業研修としての就労も含め、長期の継続的な就労を開始する。その結果、親の家を離れる、初めてカップルとして家族形成を始める、妊娠と出産といった様々な人生の上の大きな変化がほぼ同時期に起こることになる。これが就労の継続を困難とする一因となっていると考えられると指摘している。

この場合、その後、期限の定めのある不安定で、低賃金の就労に結びつく可能性が高いという。つまり、フランスにおいて、期限の定めのある非正規雇用に至る原因としては、学業の不振のほかに、女性の場合は、就労の開始と妊娠・出産が重なることが1つの原因として指摘される。

その一方で、高学歴の場合、女性であっても比較的就労率が高いことが指摘される。これは、1つには、安定した比較的高額の収入がある場合、保育ママを雇用するなど子供が生まれた場合の保育手段を確保しやすいこと、児童手当や育児休業補償で得られる金銭よりも、自らの賃金が高いため、復職を選択するからであるとされている。

また、失業率においても、2010年から2015年の間に、男性と女性は逆転しており、男性より女性の方が、失業率が低い。

図表1-5　ILOの定義する意味での失業率の推移　1975年から2015年
Femmes 女性　Hommes 男性　Ensemble 全体

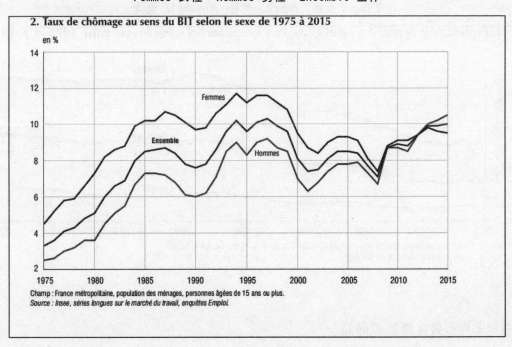

(3) 職業における男女平等に関する就労時間の問題

しかしながら、労働時間という視点でとらえると別の問題が明らかとなる(図表 1-6)。労働時間を短縮して働いている女性は、2005年は30.3％、2015年も約30.4％でほとんど変わらない。一

方、男性は、2005年は5.8%の男性が短時間労働に従事していたが、2015年は7.9%に増加しているとはいえ、男性の90%がフルタイム勤務を行っているのである。これは、女性が育児休業後復職する場合に、短時間勤務（正社員）として復職することが多く、男性の育児休業の取得率が女性に比べ低いことと関係している。したがって、養育する子の数が増えると労働時間を短縮する割合も増加するが、男性の場合、養育する子の人数と労働時間の短縮は比例しない。

女性は就労しているが、労働時間を短縮しているのである。フランスにおいても、女性の家事労働負担、育児負担は男性に比べて長くその影響が就労率に影響を与えていると考えられる。

図表1-6　2005年と2015年における男女別短時間労働者の時短の割合

	2005 女性	2005 男性	2005 全体	2015 女性	2015 男性	2015 全体
短時間労働	30.3	5.8	17.2	30.4	7.9	18.8
50%以下に時短	6.3	1.3	3.6	6.7	2.4	4.5
50%の時短	6.5	1.9	4.0	4.6	1.5	3.0
50%以上80%以下で時短	7.7	1.1	4.2	8.6	2.4	5.4
80%に時短（20%削減）	6.6	0.7	0.8	0.2	0.2	0.2
80%以上時短（20%以下の削減）	2.2	0.3	1.2	3.1	0.6	1.8
この分類以外	1.1	0.6	0.8	0.2	0.2	0.2
フルタイム	69.7	94.2	82.8	69.6	92.1	81.2
全体	100.0	100.0	100.0	100.0	100.0	100.0

図表1-7　就労における短時間労働者の割合の変化　1975年から2015年
Femmes 女性　Hommes 男性　Ensemble 全体

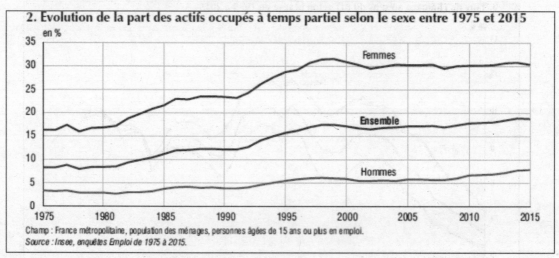

（4）賃金における男女格差の問題

（図表1-8）（図表1-9）によると男性と女性の賃金格差は、年齢が上がるにつれて拡大し、さらに、教育水準が高く、高い職能資格を得ていたり、上級管理職である場合の方が、格差が大きくなる。それゆえに、男女の賃金格差は、重大な問題であると指摘されている。

第1章 フランス

図表1-8　男女年齢別・資格、職位別男女賃金格差

	年間賃金 短時間労働者含む平均			年間賃金 フルタイム労働者のみ		
	女性	男性	格差	女性	男性	格差
全体	17,820	23,400	23.8	24,320	29,440	17.4
年齢						
25歳以下	6,490	8,260	21.4	16,490	17,460	5.6
25〜39歳	16,880	20,990	19.6	22,280	25,260	11.8
40〜49歳	20,510	27,120	24.4	25,370	30,830	17.7
50〜54歳	21,180	299,330	27.8	25,700	32,810	21.7
55歳以上	20,230	28,670	29.4	27,300	36,580	25.4
資格						
資格なし	12,110	17,030	26.9	18,290	21,850	16.3
Bac 以下	15,260	20,790	26.6	20,390	24,600	17.1
Bac,bac2	20,050	26,803	25.3	24,370	30,400	191.8
Bac3以上	29,090	44,750	35.0	33,970	49,860	31.9
職位						
上級管理職	33,850	44,980	24.7	39,860	51,370	22.4
中間管理職	21,020	25,300	17.0	25,890	29,330	11.7
平社員	13,550	15,050	10.0	19,590	21,770	10.0
単純労働者	11,330	16,480	31.4	17,970	21,220	15.3

出所：INSEE

注：2010年に、民間部門で働く女性は、男性よりも28.1％低い賃金収入を得た。時給は17.8％低下し、年間労働時間は12.6％減少した。労働時間が短い理由は、年間労働日数が3.3％少なく、1日の労働時間が短いことが原因である。調査対象：フランス都市部、農業および私的個人の従業員を除く民間部門の全従業員。Insee, DADS, exploitation au 1/12 の統計調査に基づく。

図表1-9　2014年における性別による年収

単位　ユーロ

	全体		管理職		中間管理職		職位なし		職人	
	女性	男性	女性	男性	女性	男性	女性	男性	女性	男性
1期	2,090	3,050	9,680	13,520	5,200	7,220	1,670	1,320	1,030	2,670
中間	16,920	20,170	31,130	38,040	21,970	25,020	14,300	15,480	11,520	17,600
9期	32,220	41,930	56,330	76,000	32,520	38,490	23,480	27,820	20,450	26,480

自営業者ではない、賃金を支払われる社長を含む。
INSEE PREMIÈRE N° 1436 No 1436 の統計資料を用いて筆者作成。
出所：INSEE

　私企業と公的企業の双方の年間賃金の平均は、女性17,820ユーロで男性は23,400ユーロであり、女性は24％男性より少ないことになる。さらにこの賃金格差は、年齢が上昇すると拡大し、40歳以下では20％であるが、55歳では30％となる。これは男性と女性でのキャリア形成の格差が影響していると考えられる。したがって、この格差はバカロレアの後高等教育を3年間受けた男女間においては、35％に拡大するが、バカロレア資格のみの場合は25％、バカロレア＋2年の高等教育の場合は27％である。また、管理職（Cadre）である場合はその格差は27％となり、そうでない労働者の場合は10％まで差が縮小する。また、私企業の場合は28％差、公的企業・公務員は17％であり、私企業の方が公的企業より差が大きいことがわかる。「フルタイムに換算した時の給与（Salaire en equivalent temps plein, EQTP）」という。比較した場合においても、女性が17,820ユーロ、男性が23,440ユーロとなり、女性は男性の約4分の3程度でしかないと指摘している。この格差は、男女の教育格差ではなく、若年齢時のみに生じる格差でもなく、女性に

おけるキャリア形成の問題、労働時間の短縮による格差によると考えられる。そして、労働時間の短縮が生じる要因は、主として、妊娠・出産であると考えられる。

おわりに

フランスにおいては、職業上の平等を図るために、日本と同様に募集から退職までのライフステージにおいて、男女平等を規定している。しかし、程度の差はあるが、日本と同様に、女性に対する昇進差別が存在する。異なる点は、これらの差別に対し罰則付きの制裁を科している点である。

フランスは、職業における男女の平等について、使用者に対し、女性の雇用実態を明らかにし、是正措置を労働組合による協約によって定める手法を取っている。協約が締結されない、あるいは、是正措置がなされない場合に対しては、制裁金が科されるのである。

また、日本では、子育てと仕事の両立が困難な場合が多いが、出産後の復職に対して、同職位、同賃金での復職と教育訓練を使用者の義務としている。女性の賃金差別に対しては、その原因が、昇進の遅れと短時間労働（正社員）や有期雇用のパートタイムにあると分析して、女性の管理職の増加を、期限付きで企業に義務づけ、達成されない場合は制裁金が科せられるという2018年の法律により、強制的に是正しようとしている。また、セクシャルハラスメントにおいても、刑事罰を規定し、罰金と懲役を規定したのである。

このような政策は、一定の効果をもたらしているのであろうか。2018年9月5日法の効果については、まだ、判明しない。しかしながら、賃金についての効果については、若干の期待が持てるデータが存在する。

図表1-10　フルタイム正社員（EQPT）男女別、女性、男性の収入の推移
1995年を100としての賃金上昇率（左）と男女賃金格差の推移（右）

Homme = 男性　Femme =女性

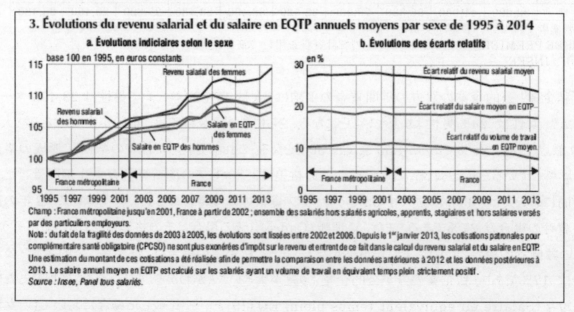

上記の図表1-10によると、男性より女性の賃金の上昇が5％ほど高く、賃金格差が右下がりの傾向があり、縮小しているとみることができる点である。このような女性の賃金の上昇は、男女賃

金格差が是正されたことによると考えられる。

　2018年の賃金格差是正が2020年にどのような結果として現れるのであろうか。協約と制裁金による格差の是正は、労働時間短縮の時のように効果をもたらすのであろうか。期待を持ちつつ、結果を見守ることとしたい。

第2章 ドイツ

はじめに

ドイツにおける男女格差の現状は、EU の平均水準から見ると、進歩的とは言い難い。そのため、状況改善を目的とした国内法整備の動きがある。

本稿では、第 1 節で行政の諸政策を―特に、近年相次いで成立した「女性クオータ法」と「賃金透明化法」を中心に―概観する。つづく第 2 節では、企業における男女労働者の実態と、関連の取り組みを紹介し、最後に簡単なまとめを述べる。

第1節 男女均等にかかる行政の諸政策

1. 企業に対する公表制度・義務化の状況

（1）女性クオータ法（FührposGleichberG）[1]

ドイツでは 2016 年 1 月 1 日から、大手企業 108 社に対して「民間企業及び公的部門の指導的地位における男女平等参加のための法律（以下、女性クオータ法）[2]」に基づき、「監査役会（Aufsichtsrat）」の女性役員比率を 30％以上とすることが、義務づけられている。同法の目的は、職場の意思決定に関与する男女の平等参画を推進することで、一般労働者にもその効果を波及させることである。「監査役会」は、取締役の任免、投資計画、人員計画、賃金の決定等について強い権限を持つ。これは、従業員が企業経営の意思決定に参画できる「共同決定」というドイツ特有の制度に由来し、例えば従業員 2,000 人超の上場企業では、共同決定法（MitbestG）に基づき、「監査役会」が設置される。監査役会は「株主代表」と「労働者代表」で構成され、その割合が 1 対 1 の場合、これを「完全な共同決定」という[3]。今回、女性クオータ（割当）が導入されるのは、完全な共同決定義務のある上場大手 108 社である。2016 年以降、新たに監査役の委員を選出する場合、女性比率（男性比率も）を最低でも 30％以上にする義務が課される。なお、最終的に成立した法律では、株主代表と労働者代表の総数に対して 30％以上の比率であれば良いとされた。ただし、委員選出前に、どちらかが異議を申し立てた場合は、別個に 30％規定が適用される。女性が十分に選出されなかった場合には、空席を維持しなければならない（空席制裁：Sanktion leerer Stuhl）。

---

[1] 詳しくは、海外労働情報 ドイツ 2015 年 6 月「女性クオータ法、成立
（http://www.jil.go.jp/foreign/jihou/2015/06/germany_01.html）」を参照されたい。なお、「クオータ」は、「割当」という意味。

[2] Gesetz für die gleichberechtigte Teilhabe von Frauen und Männern an Führungspositionen in der Privatwirtschaft und im öffentlichen Dienst－FührposGleichberG（https://www.gesetze-im-internet.de/f_hrposgleichberg/BJNR064200015.html）.

[3] 監査役会の「労働者代表」には、"従業員代表"と"労働組合代表"を含み、合計人数は企業規模により異なる。例えば従業員規模 2,000 人超～1 万人の企業の場合、監査役会は計 12 人で、株主代表が 6 人、労働者代表が 6 人（従業員代表 4 人、労働組合代表 2 人）という構成が一般的である。なお、ドイツは労働者組織が「従業員代表委員会」と「労働組合」の二重構造になっており、事業所内の従業員利益を代表する「従業員代表委員会」と、産別を中心に企業外で活動する「労働組合」とは、法的には別個の組織である。

対象企業のうち、ヘンケル（化学・消費財メーカー）、ミュンヘン再保険（保険）、メルク（化学・医薬品メーカー）では同法成立前に、監査役の女性比率がそれぞれ43.8％、40.0％、37.5％に達していた。その一方で、女性の監査役がいない企業もあり、後者は同法の成立で大きな影響を受けた。

　さらに、前述の108社のほか、「上場企業か、従業員500人超の共同決定義務のある約3,500社」に対し、監査役会、取締役会、管理職（上級・中級の二層）における女性比率を高めるための目標値や具体的な取り組み内容を2015年9月末までに設定するよう同法は求めている。目標値の下限は規定されていないが、現状では女性比率が30％未満の場合、現状を上回る目標を設定しなければならない。最初の目標達成期限は2017年6月末で、次の目標設定と達成期限は5年以内とされる。ただし、自主目標を達成できなかった企業への法的制裁は特に設けられていない。

　同法はまた、公務部門や公的関連機関の女性クオータ制についても規定している。ドイツでは従来から、公務部門における男女平等を推進するために2つの法律が制定されている。「連邦平等法（Bundesgleichstellungsgesetz）」は、連邦の各機関に対して男女平等計画の策定を義務づけており、女性比率が50％未満の部門における採用や昇進の際に、同一の適性、能力、専門的業績がある場合には、女性を優先的に考慮しなければならない。また、「連邦委員会構成法（Bundesgremienbesetzungsgesetz）」は、連邦の活動に影響を持つ委員選出の際には、可能な限り男女の数が均等になるように定めている。女性クオータ法は、上述の2つの法律等を改正することで、より一層の男女平等の促進を図る。具体的には、連邦平等法の改正によって、行政機関、裁判所、連邦直属の公的機関（例：連邦雇用エージェンシー）、公的企業（例：社会保険組織や連邦銀行）に対して、従来の男女平等計画の中で、女性管理職の割合に関する具体的な目標値を階層ごとに定め、目標達成に向けた具体的な措置をとることが、改正で義務づけられた。さらに連邦委員会構成法の改正によって、連邦が3人以上の委員を指名する監査役会（例：ドイツ鉄道株式会社）においては、2016年1月以降、連邦が指名する委員は男女ともに30％以上となるようにしなければならない。さらに2018年以降は、この比率が50％に引き上げられる（奇数の場合の1人の差は許容）。

　女性クオータ法は、司法・消費者保護省と家族・高齢者・女性・青少年省（以下、家族省）[4]により共同で提出された。国際公共メディアのドイチェ・ヴェレによると[5]、同法成立時にハイコ・マース司法・消費者保護相（当時）は「女性クオータの導入は、女性の参政権導入以来の、平等への最大の貢献となるだろう。十分な資格を有した女性がいないという口実は通じない。今日非常に高いレベルの教育や訓練を受けた女性が大勢おり、どの監査役会でも空席という事態は起きないと確信している」と述べた上で、「クオータ制は、構造的に様々なレベルの女性の参加を促し、

---

[4] Bundesministerium für Familie, Senioren, Frauen und Jugend （BMFSFJ）.
[5] Deutsche Welle（11.12.2014）（https://www.dw.com/en/german-cabinet-approves-female-boardroom-quota-legislation/a-18122945）.

平等な権利へのマイルストーンとなるだろう」と語っていた。また、マヌエラ・シュヴェーズィヒ家族相（当時）は「同法は、文化を変えるための始まりである。単なるクオータ以上の意味を持ち、指導的立場の女性が増えることは、依然として大きい男女の賃金格差の改善にもつながる。その意味で賃金の平等にとっても歴史的な一歩と言えるだろう」と述べて、同法の成立を歓迎した。

図表 2-1　各国・地域における役員のジェンダー・クオータ制[6] 導入状況

国	成立年	割当率	開始年	対象役員（注）	適用対象企業	罰則
ノルウェー	2003	40%	2008	監査役	公営企業、上場企業	有：罰金、企業の解散（2015年～）
スペイン	2007	40%	2015	取締役	公共・民間企業、従業員250人以上の企業	無
アイスランド	2010	40%	2013	監査役	従業員50人以上の企業	無
ベルギー	2011	30%	2017	取締役	公営企業、上場企業	有：役員任命は自動的に無効
フランス	2011	20%・40%	2014・2017	監査役	上場企業、従業員500人以上の企業、もしくは、年間収益5,000万ユーロ以上の企業	有：役員任命は自動的に無効
イタリア	2011	20%・30%	2012・2015	監査役	公営企業、上場企業	有：罰金（上限€100万）、監査役解散
オランダ	2011	30%	2016	監査役・取締役	上場企業、従業員250人以上の企業	無
ドイツ	2015	30%	2016	監査役	共同決定義務がある上場企業	有：空席制裁
オーストリア	2017	30%	2018	監査役	上場企業、従業員1,000人以上で、6人以上の従業員代表がいる監査役がある企業	有：空席制裁
カリフォルニア州（アメリカ）	2018	人数規定	2018	取締役	州内に本社がある上場企業 ・最低1人を女性（19年末迄） ・最低2人／取締総数5人（21年末迄） ・最低3人／取締総数6人以上（21年末迄）	有：罰金（初回10万ドル、2回目以降30万ドル）

出所：DIW（2018）[7]、カリフォルニア州（アメリカ）は筆者作成。
注：企業の意思決定システムは、ドイツのように「取締役（Executive committee）」と「監査役（Supervisory board）」の二元的な制度が通常の国ばかりではない。例えば、スペインやベルギーのように企業における意思決定機能が1つしかない国もある。そのため対象役員の権限・範囲については留意が必要。なお、カリフォルニア州では2018年9月30日に、全米初の企業の女性役員登用を義務づける法律（SB826[8]）が成立した。同州には、アップル社、フェイスブック、アルファベット（グーグルの親会社）等の大企業の本社がある。

---

[6] 「ジェンダー・クオータ」は、男性・女性の双方が、割当率に達しなければならないというもので、「女性クオータ」とほぼ同義である。

[7] DIW Women Executives Barometer 2018, *DIW Weekly Report 3/2018*
（https://www.diw.de/sixcms/detail.php?id=diw_01.c.574761.en）。

[8] California Senate Bill 826
（https://leginfo.legislature.ca.gov/faces/billTextClient.xhtml?bill_id=201720180SB826）。

他方、ドイチェ・ヴェレは論説記事において[9]、「女性クオータ法は、企業や社会の文化を変えるかもしれないが、監査役会は取締役会より強い意思決定力を持たず、比率に満たない場合は空席とされるだけで、効果の程度は疑問だ」としている。その上で、「昇進ルールのさらなる透明化、柔軟な労働時間の実施、育児や介護支援の強化、意思決定の中枢である企業の“取締役会”における女性の進出が重要だ」と結論づけている。

なお、欧州では、図表 2-1 の通り、2000 年代に入り、各国が相次いで企業の役員レベルにおけるジェンダー・クオータ（女性クオータ）制を導入している。ドイツは、早期に導入した諸国の制度等を参考にしつつ、欧州で 8 番目にクオータ制を導入した国となっている。

①情報公表、計画策定・達成状況等

図表 2-2　各企業の目標・達成状況の公表サイト

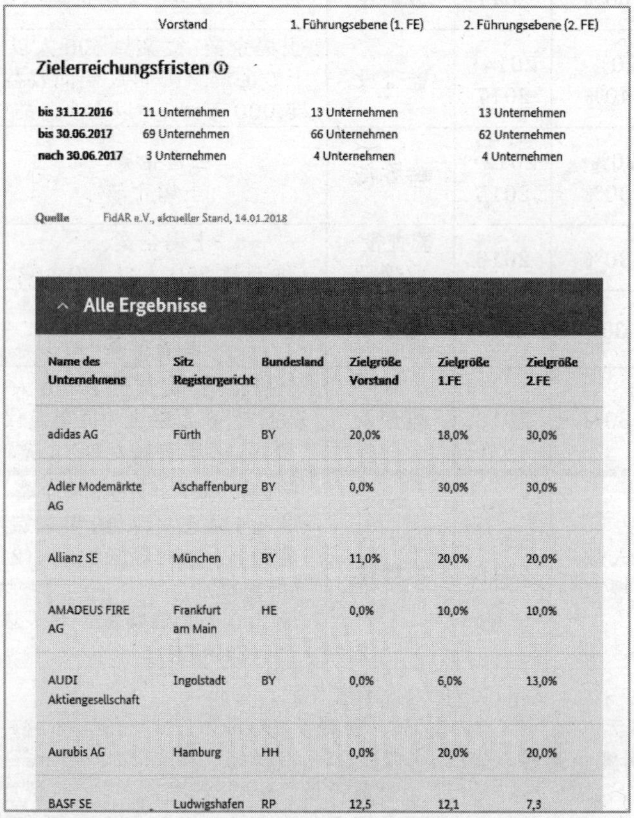

	Vorstand	1. Führungsebene (1. FE)	2. Führungsebene (2. FE)

Zielerreichungsfristen ⓘ

bis 31.12.2016	11 Unternehmen	13 Unternehmen	13 Unternehmen
bis 30.06.2017	69 Unternehmen	66 Unternehmen	62 Unternehmen
nach 30.06.2017	3 Unternehmen	4 Unternehmen	4 Unternehmen

Quelle　FidAR e.V., aktueller Stand, 14.01.2018

^ Alle Ergebnisse

Name des Unternehmens	Sitz Registergericht	Bundesland	Zielgröße Vorstand	Zielgröße 1.FE	Zielgröße 2.FE
adidas AG	Fürth	BY	20,0%	18,0%	30,0%
Adler Modemärkte AG	Aschaffenburg	BY	0,0%	30,0%	30,0%
Allianz SE	München	BY	11,0%	20,0%	20,0%
AMADEUS FIRE AG	Frankfurt am Main	HE	0,0%	10,0%	10,0%
AUDI Aktiengesellschaft	Ingolstadt	BY	0,0%	6,0%	13,0%
Aurubis AG	Hamburg	HH	0,0%	20,0%	20,0%
BASF SE	Ludwigshafen	RP	12,5	12,1	7,3

出所：BMFSFJ サイト.

家族省によると[10]、監査役会における女性役員の割合は、女性クオータ法導入前の 2015 年は 21.9％だったのに対して、2018 年 1 月には 30.9％にまで上昇している。法律の導入から約 2

[9] Deutsche Welle（Ute Walter 06.03.2015）(https://www.dw.com/en/opinion-bundestag-adopts-gender-equality-law-so-what/a-18298815).

[10] BMFSFJ サイト(https://www.bmfsfj.de/quote/).

年半で 9%上昇したことになる。また、各企業が設定した目標値やその達成状況については、家族省のサイトで、公表されている(図表 2-2)[11]。

2018 年 3 月に、キリスト教民主・社会同盟(CDU/CSU)と社会民主党(SPD)が締結した連立協定書[12]によると、「指導的地位において、女性は未だに後れを取っている。前政権下で、指導的地位の女性を増やすための法律(女性クオータ法)が成立したことで、歴史的な一歩を踏み出した。引き続きこの道を進むため、連邦政府に対する定期報告時に、指導的地位に女性がいないまま、目標値を"ゼロ"と定める企業に特に着目する。このように役員・管理職に関する達成目標を"ゼロ"と回答する非協力的な企業に対しては、商法典(HGB)第 335 条の規定に則した制裁を科すことによって、法律の効力を強化したいと考える」という旨の記述があり、今後 4 年間で同法には新たな罰則が導入される可能性もある。

また、公的部門については、「男女の平等化の手本となる役割がある。そのため公的部門の管理職における男女平等参加を 2025 年までに達成したい。特に連邦平等法の適用範囲に対してこの目標を定める予定である。連邦が任命しなければならない委員が 2 名のみの委員会はクオータ(割当)規制を遵守しなければならない旨を、連邦委員会構成法に新たに規定する」という方針が示されている。

②女性役員バロメーター2018(DIW 分析)

ドイツ経済研究所(DIW)[13]は 2018 年、女性クオータ法導入後の企業の変化を分析した報告書[14]を発表した。図表 2-3 は、ドイツ企業上位 200 社のうち、女性クオータ(割当)が義務づけられた企業とそうでない企業を比較している。

その結果、女性クオータ法が成立した 2015 年以降、クオータ(割当)を義務づけられた企業とそうでない企業の間で、女性役員の割合の推移にかなりの差があることが明らかになった。このことから、分析を行った DIW のエルク・ホルスト博士は、「女性クオータ法の導入は、他の欧州諸国と同様に一定の成果が見られる」と評価している。

---

[11] BMFSFJ サイト(https://www.bmfsfj.de/quote/daten.html).
[12] Koalitionsvertrag zwischen CDU, CSU und SPD, Deutsche Welle (14.02.2018). 2018 年 3 月に発足した第 4 次メルケル政権は、第 3 次と同様に、社会民主党(SPD)を連立相手としており、180 ページ近い連立協定書には、今後 4 年間で実施する政策のロードマップが記されている。
[13] 1925 年設立のドイツ経済研究所(DIW)は、非営利研究機関である。経済・社会分野を中心に労働問題も含む幅広い研究活動を行っている。DIW が定期的に行っている「社会経済パネル調査(SOEP)」は、多くの労働研究者が基礎分析データとして利用している。
[14] DIW Women Executives Barometer 2018, *DIW Weekly Report 3/2018* (https://www.diw.de/sixcms/detail.php?id=diw_01.c.574761.en).

図表2-3　上位200社：監査役会の女性役員割合の推移

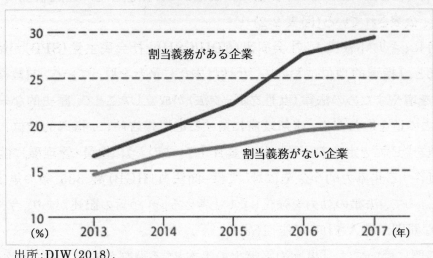

出所：DIW(2018).

(2) 賃金透明化法(EntgTranspG)

2017年7月6日に、男女間賃金格差の是正を目的とする「賃金構造透明化の促進のための法律(以下、賃金透明化法)[15]」が施行された。ただし、企業のために半年の移行期間が設けられており、同法に基づく情報請求権の行使は、2018年1月6日以降に初めて可能となった。

①賃金透明化法の概要

賃金透明化法は、同一労働・同一価値労働における男女同一賃金の原則を規定で明文化したもの[16]で、家族省が所管している。

対象企業は、従業員200人以上と従業員500人以上で、それぞれ要件が異なる(従業員200人未満の企業は適用対象外)。200人を超える従業員を擁する企業・官公庁で働く労働者は、個人として賃金に関する情報開示を求める請求権を有する。さらに、500人を超える従業員を擁する企業に対しては、賃金構造調査を要請しており、「男女平等」と「同一賃金の現状」に関する状況報告書の作成義務を課している。詳細は以下の通りである。

＜従業員200人超の企業に対する情報開示義務＞

200人を超える従業員を擁する企業・官公庁で働くすべての男女は、個人としての情報請求

---

[15] 法律の原文名は、Gesetz zur Förderung der Entgelttransparenz zwischen Frauen und Männern (Entgelttransparenzgesetz - EntgTranspG) (https://www.gesetze-im-internet.de/entgtranspg/BJNR215210017.html)。同法の名称に使用されている"Entgelt(賃金)"は、"Entgelten(報いる)"が語源である。賃金にはLohnという金銭給付を示した単語もあるが、同法におけるEntgelt(賃金)には、使用者が就業者に対して就業関係に基づき直接的または間接的に支給するものが対象となることを示している。つまり、「金銭給付(Geld)のみならず、現物給付(社用携帯電話や社用車など)」も、比較対象となる。
[16] 賃金透明化法1条[法律の目的] この法律の目的は、同一労働または同一価値労働における女性と男性に対する同一賃金の原則を実現することである。

権が認められる。対象者は自分の職務と同一または同一価値の職務に対する、賃金決定基準や方法について、照会することができる。さらに、比較対象賃金に関する情報を求めることもできる。その際には、同一・同一価値の職務に対する平均の総賃金や最大で2つまでの賃金構成要素（例えば成果給や職務手当など）を照会することが可能になる。ただし、同僚の個別の賃金情報が得られるわけではなく、同一の職務または比較可能な職務を行う、異性の従業員6人以上の賃金の中央値に関する情報が提供される。この請求は原則として2年ごとにできる。情報請求権は、公務部門の労働者——つまり、連邦の職員（Angestellte）・官吏（Beamte）にも——等しく認められる（ただし、州・地方自治体の職員・官吏は適用対象外）。所定の2年以内にたとえば職務が変わる場合には、2年が経過する前でも、新たな情報請求権を行使することができる。

＜従業員500人超の企業に対する情報開示義務＞

500人を超える従業員を擁し、かつ、商法典（HGB）264条及び289条の規定[17]により、状況報告書の作成義務を有するすべての企業は、男女平等及び同一賃金に関する報告書を作成しなければならない。この報告書には、男女平等を促進する措置とその効果について記述するとともに、男女同一賃金の実現に向けた取り組みについて報告しなければならない。労働協約の適用を受ける使用者は5年ごと、その他のすべての使用者は3年ごとに、その活動・措置を公表しなければならない。使用者が措置を講じなかった場合には、その理由を使用者が示さなければならない。さらに、①労働者の総数（平均）、②フルタイム・パートタイムの労働者数（平均）、に関する情報を、性別に分類した上で、報告しなければならない。このような情報は、状況報告書に添付され、一般に公開される[18]。

②同一賃金原則と合致しない場合の救済策

なお、支払われた賃金が同一賃金原則と合致しないとみなされる場合、当該労働者は、使用者または従業員代表委員会に照会し、話し合いを求めることができる。そして、比較対象より低い報酬である理由の説明を受け、解決策を見出すことができる（必要に応じて従業員代表委員に参加を求める）。また、使用者は、同一賃金原則の違反がある場合、性別を理由とする不利益待遇がなければ該当労働者が受け取ったであろう賃金を支払わなければならない。使用者に支払う意思がない場合には、この原則は当事者による裁判で貫徹されなければならず、履行請求権、損害賠償請求権または補償請求権が訴求される。

---

[17] 実際の商法264条、289条の規定の和訳については、法務省サイト「法務資料第465号（第1編～第4編）を参照されたい（http://www.moj.go.jp/content/001206509.pdf）。
[18] 「状況報告書」の詳細については、経済産業省「企業開示制度の国際動向等に関する研究会について」第4回における配布資料が詳しい
（http://www.meti.go.jp/policy/economy/keiei_innovation/kigyoukaikei/corporate/disclosure.html）。

③ジェンダーに関する労働相談・助言の強化

賃金透明化法の導入とともに、社会法典第3編(SGBIII)29条2項に文言が追加された。これにより、連邦雇用エージェンシー(BA)は今後、ジェンダー・ステレオタイプの職業訓練・雇用現場の現状を是正するため、職業・労働市場相談において、男女の職業選択における多様性を拡大しなければならないという目標が設けられた。

ドイツでは、若年の男女ともに、教育専攻分野や希望職種を、伝統的な性別役割分担に基づいて選択する傾向がある。例えばデュアルシステムの多様な職業訓練職種の中から、女性のほぼ半数以上は10職種しか選択していない。このような状況を変えるために、賃金透明化法の導入とともに、社会法典第3編(雇用促進)29条2項において、「雇用エージェンシー(AA)は、ジェンダーに関する労働相談サービスを行う。特に、男女の職業選択における多様性の拡大に努める」という条文が追加され[19]、組織の活動目標として明文化された。

今後、雇用エージェンシー(AA)の相談員は、職業相談や職業指導(オリエンテーション)において、一方の性に特化された(ジェンダー・ステレオタイプの)職業訓練・労働市場の現状を改善するため、当該の原因と結果に関する情報を提供する。それによって若者の感度を高め、彼らが自主的に持続可能な職業キャリアと(年金受給年齢に達しても)社会的な安定を実現できるよう、同時に自身の興味と能力を考慮した職業訓練を選択するよう助言する。また、男女格差の是正には、使用者の理解が欠かせない。そのため、雇用エージェンシー(AA)は使用者に対しても、男女平等を重視した助言と情報提供を行う。それにより、企業文化や専門文化に影響を与え、あらゆる職種における男女割合の均等化を進める端緒を開くことが求められている。

④継続的な法律評価の仕組み

ドイツ政府は、賃金透明化法の成立によって1,400万人以上の労働者が影響を受け、男女間賃金格差の解消が進み、「2030年までに男女間賃金格差を21%から10%に引き下げる」という国家目標の達成に役立つと考えている。今後同法は、継続的な評価が行われる(初回は発効の2年後、その後は4年ごと)。なお、評価には、社会的パートナー(労使)の見解を含めなければならない(賃金透明化法23条)。

2. 男女平等にかかるその他の取り組み[20]

(1) 男女機会均等を促すための優良企業認定制度

企業に対する認定制度としては、男女機会均等を促すために優れた取り組みをした企業を認

---

[19] Sozialgesetzbuch (SGB) Drittes Buch (III) -Arbeitsförderung- (Artikel 1 des Gesetzes vom 24. März 1997, BGBl. I S. 594) § 29 Beratungsangebot.

[20] Bundesministerium für Familie, Senioren, Frauen und Jugend- BMFSFJ (2017) *Das Entgelttransparenzgesetz: Informationen zum Gesetz zur Förderung der Entgelttransparenz* (https://www.bmfsfj.de/blob/117322/cbecce81bb4ce80ad969176e3a6b8293/das-entgelttransparenzgesetz-informationen-zum-gesetz-zur-foerderung-der-entgelttransparenz-

定する制度「トータル・イー・クォリティ(TEQ)認定制度」がある。家族省のほか、大企業や労使団体が連携して、1996年に認定事務を行う「ドイツ・トータル・イー・クォリティ(TEQ)」協会を設立した。認定は、15人以上の従業員がいる企業(もしくは組織、機関)が対象で、毎年1回、男女の機会均等政策に模範的な企業に対して証明書が発行される。認定を受けた企業は、その後3年間、認定ロゴの使用が許可される。このほか、ワーク・ライフ・バランスに焦点を当てた「従業員のための仕事と家庭の監査(Audit Berufundfamilie)」という認定制度等もある。

(2)男女機会均等などに取り組む企業に対する公共調達優遇制度[21]

州レベルでは、「男女平等の促進」という観点から、公共調達制度を活用する動きが見られる。例えばブレーメン州の公共調達制度は、「同一価値の労働についての男女労働者に対する同一報酬」の取り組みを企業に求めるとともに、落札額が同じ場合は「男女の機会均等」などに取り組む企業を優遇することが規定されている。ベルリンでも、公契約の締結や補助金の支給の際に、女性の地位向上に取り組んでいる企業を優遇する規定があるほか、ブランデンブルク州や、ザールラント州、テューリンゲン州にも公契約に関して類似の規定がある。

第2節 企業における女性活躍・雇用均等の実態
1. 企業における女性労働者の現状
(1)就業者数と男女比

図表2-4は、男女別の就業者数を示したものである。就業者に占める女性の割合は、男性よりも少ないが、逓増傾向にあることがうかがえる。

図表2-4 就業者数と男女比

(上段:千人、下段:%)

2005年			2010年			2016年		
計	男	女	計	男	女	計	男	女
36,362	19,964	16,398	37,993	20,423	17,570	41,267	22,065	19,203
(100)	(54.9)	(45.1)	(100)	(53.8)	(46.2)	(100)	(53.5)	(46.5)

出所:Eurostat Database (http://ec.europa.eu/eurostat/data/database) 2018年1月現在

(2)短時間労働者に占める男女比

短時間労働者における女性比率は、非常に高い(図表2-5)。ただし、その推移をみてみると、2010年には8割(81.4%)を超えていたが、2016年には78.1%に減っている。

---

data.pdf)を主な参考資料とした。
[21] 詳細は、JILPT(2011)資料シリーズ No.84『ワーク・ライフ・バランスに関する企業の自主的な取り組みを促すための支援策(第2章ドイツ 飯田執筆部分)』を参照されたい。

図表 2-5　短時間労働者における男女比

(%)

	2005年	2010年	2011年	2012年	2013年	2014年	2015年	2016年
女	81.4	80.9	79.7	79.2	78.6	78.1	77.9	78.1
男	18.6	19.1	20.3	20.8	21.4	21.9	22.1	21.9
計	100	100	100	100	100	100	100	100

出所：OECD database (http://stats.oecd.org/) "Incidence of FTPT employment -common definition"2017年9月現在。
注：短時間労働者の定義は、主たる仕事について通常の労働時間が週30時間未満の者。通常の労働時間(所定外労働時間、残業時間を含む)。

(3) 長時間労働の割合（男女別）

就業者における長時間労働の割合を見ると、女性よりも男性の方が、長時間労働（週49時間以上）をする割合が高い。ただし、全体的に男女ともに長時間労働の割合は減る傾向にある。また、長時間労働の割合は全体で1割（2016年、9.3％）に満たないため、大きな政策課題とはなっていない（図表2-6）。

図表 2-6　長時間労働の割合（就業者）

(%)

	2005年	2010年	2012年	2013年	2014年	2015年	2016年
女	6.3	5.2	5.0	4.7	4.6	4.4	4.1
男	20.2	17.2	16.5	15.6	15.0	14.1	13.7
計	13.9	11.7	11.2	10.5	10.1	9.6	9.3

出所：ILOSTAT Database (http://www.ilo.org/ilostat/) 2017年10月現在。
注：ここでいう長時間とは、ILOSTATの労働時間別就業者統計において最長の「週49時間以上」を指す。原則として全産業、就業者(パートタイムを含む)が対象。

(4) 管理職における女性割合

管理職の女性割合は、2014年の時点で29％と、EU平均の33％を下回っている（図表2-7）。ここで言う「管理職」は、国際標準職業分類（ISCO）[22]によって、"指導的な地位"として分類された者で、CEO、経営者、幹部なども含まれる。

---

[22] 国際標準職業分類（ISCO）は、国際労働機関（ILO）が定めた労働と職業に関する情報を整理するための分類である。

図 2-7 管理職における女性の割合（EU 諸国比較）（単位：%）

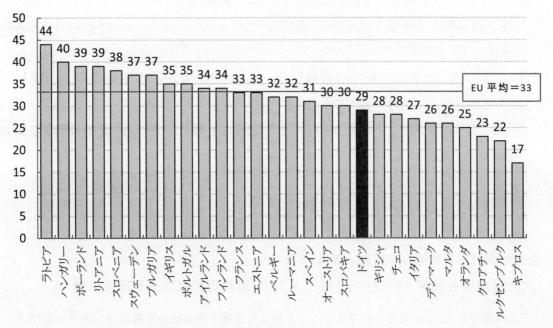

出所：Statistisches Bundesamt(Destatis), 2017.

(5) 男女賃金格差

男女賃金格差は、2016 年時点で 21％と、やはり EU 平均に後れを取っている（図表 2-8）。

図表 2-8 男女の賃金格差（EU 諸国比）（単位：%）

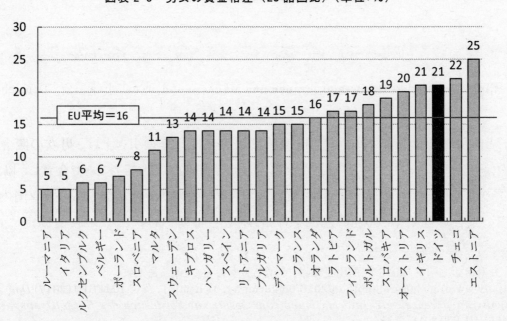

出所：Statistisches Bundesamt(Destatis), 2018.

男女の賃金格差が大きく、管理職の女性割合が少ない理由について家族省は、複雑かつ多岐にわたる構造上の問題があるためだとしている。その上で以下の事項を例示している；

1. 異なるキャリア選択：清掃、介護、保育、小売りなどの低賃金職種に女性が多い。
2. 育児・介護等の家族責任を理由としたキャリアの断絶が多い。
3. 女性が再就職する場合、フルタイムではなく、パートタイムやミニジョブ（パートタイムの一種）を選択することが多い。
4. 乏しい昇進機会・少ない女性管理職：パートタイム労働者が管理職に就くことは難しい。
5. 性別役割分担等の社会的固定概念（女性という理由のみで雑用をさせる、程度の低い業務をさせる等）が依然として職務評価や賃金格差に影響しており、男女の「間接差別」につながっている。

なお、こうした構造的要因を取り除き、同一産業、同一資格、同一職務の男女のみで比較した場合でも、賃金格差はなお6％程度残る[23]。

2. 企業における取り組みの課題と実績状況[24]
(1) 男女雇用機会均等とファミリー・フレンドリーな環境促進に関する政使協定

図表2-9　企業の自主的取り組みによる指導的立場の男女比の進展状況（2001～2010年）

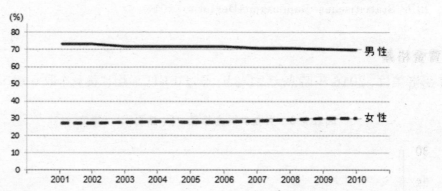

出所：Statistisches Bundesamt, Frauen und Männer auf dem Arbeitsmarkt—Deutschland und Europa, 2012.

政府と使用者団体[25]は2001年、指導的立場の女性比率の引き上げ、男女の機会均等、従業員のワーク・ライフ・バランス支援策などに企業が自主的に取り組むことで合意し、協定を締結した。この時期は、前年の2000年にEUのリスボン戦略[26]が打ち出され、ドイツ国内では、戦略目標の女性の就業率60％の達成を目指している時期であった。この政使協定によって、男

---

[23] 海外労働情報 ドイツ 2016年5月「職場における男女格差をめぐる是正策(http://www.jil.go.jp/foreign/jihou/2016/05/germany_01.html)」、及びBMFSFJ(2017)*Das Entgelttransparenzgesetz: Informationen zum Gesetz zur Förderung der Entgelttransparenz.*より。
[24] 詳細は、JILPT(2011)資料シリーズ No.84。
[25] 家族・高齢者・女性・青少年省（BMFSFJ）、教育研究省（BMBF）、経済労働省（BMWA）、交通建設住宅省（BMVBW）の4省（当時）とドイツ使用者連盟（BDA）、ドイツ産業連盟（BDI）、ドイツ商工会議所（DIHK）、ドイツ手工業中央連盟（ZDH）の4経済団体。その後省庁再編により、協定の政府側当事者は現在5省。
[26] 2000年3月にリスボン欧州理事会において打ち出されたEUの経済・社会政策。その中の雇用目標では加盟国平均で61％の就業率を10年までに70％にまで引き上げ、とくに女性の就業率を現在の51％から60％に引き上げるとされた。

女平等の促進やそれに付随するファミリー・フレンドリーな環境促進を図ろうとしたが、協定自体は、ガイドライン的な性格であるため法的拘束力は特になかった。

その後、協定締結から十数年以上が経過したが、この間、指導的立場の女性比率はほとんど進展せず（図表2-9）、「企業の自主性に委ねた試みは失敗した」と、国内では評価されている[27]。

そのため、こうした実績値をもとに、ドイツ政府は、2016年に「女性クオータ法[28]」を、2017年に「賃金透明化法」を導入するに至った。

（2）政労使学の連携プロジェクト「家族のための連合（Allianz für die Familie）」

上述の政使協定は、その後2003年に始まった政労使学の連携プロジェクト「家族のための連合（Allianz für die Familie）」へつながっている。家族省が主導して、使用者団体、労働組合、財団や学術など各界のトップが参加し、「企業における家族に優しい環境づくり」推進のため育児をしやすい職場環境の醸成や、女性の登用促進、家族支援サービスの強化などに取り組んでいる。具体的には、中小企業向け支援、家族に優しい企業のコンテスト表彰や認定活動等を行っている。このほか企業や社会にとってファミリー・フレンドリー施策が有益であるとの調査結果の広報や地域連携の促進なども行っている。

プロジェクトの一環として2006年には、家族省とドイツ商工会議所（DIHK）が共同で企業ネットワーク「成功要因　家族」を創設した。現在は、「家庭に配慮した人事政策」を行う使用者のためのドイツ最大のプラットフォームとなっており、ネットワーク参加企業に対して、他社と連携を図る機会の提供や、各企業の独自の良い取り組みを世間一般に広く紹介する活動等を行っている。家族省によると、2018年現在、6,700以上のメンバーが参加して様々な活動を行っている[29]。

おわりに

以上見た通り、ドイツでは、第3次メルケル政権（2013-2017年）下において、男女格差の是正に向けた国内法の整備に進展が見られた。具体的には、大企業の監査役会の女性役員比率を30％以上とすることを義務づける「女性クオータ法」や、賃金構造の透明化を促進することで、男女間賃金格差の是正を目的とする「賃金透明化法」などの法律が成立した。両法は、ともに適用対象を民間企業のみならず、公的機関にも一部拡大している。また、施行後に継続的な法律

---

[27] シンポジウム「女性の指導的地位での活躍推進―日独の状況と課題」（共催：ベルリン日独センター、経済広報センター、ドイツ経済研究所他）におけるホルスト博士の発表（2014年5月20日東京開催）、シンポジウム「NWECグローバルセミナー　女性の活躍促進に向けた取組み　ドイツの経験から考える」（（独）国立女性教育会館主催）（2017年12月7日東京開催）等による政府関係者、学識者らの発表より。

[28] 2014年3月に女性クオータ法を発表した法案発表時、当時のシュヴェーズィヒ家族相は「過去における企業の自発的な取り組みはほとんど進展を見せなかった。法によって企業の監査役会にクオータ制を導入する"歴史的な"決定の時を迎えたことを嬉しく思う」と述べ、当時の司法・消費者保護相は「我々は現在最も教育水準の高い女性を抱えている。最終目標は社内取締役のドアを女性に開くことだ」という今後の抱負を述べている。

[29] BMFSFJサイト Erfolgsfaktor Familie（01.03.2018）
（https://www.bmfsfj.de/bmfsfj/themen/familie/familie-und-arbeitswelt/erfolgsfaktor-familie/erfolgsfaktor-familie/74646）．

評価を実施し、適宜見直しの機会を担保している。

　なお、2018年3月に発足した第4次メルケル政権では、今後4年間のうちに女性役員のクオータ（割当）に非協力的な企業に対する罰則強化や、男女格差の是正促進や研究を行う連邦財団の設立等が検討されている[30]。

【参考文献】
- Bundesministerium für Familie, Senioren, Frauen und Jugend- BMFSFJ (2017) *Das Entgelttransparenzgesetz: Informationen zum Gesetz zur Förderung der Entgelttransparenz.*
- DIW Women Executives Barometer 2018, *DIW Weekly Report 3/2018.*
- Koalitionsvertrag zwischen CDU, CSU und SPD.
- JILPT（2011）資料シリーズ No.84『ワーク・ライフ・バランスに関する企業の自主的な取り組みを促すための支援策（第2章ドイツ）』。
　ほか各種 WEB サイト。

---

[30] Koalitionsvertrag zwischen CDU, CSU und SPD, Deutsche Welle（14.02.2018）.

ドイツ参考資料（賃金構造の透明化促進のための法律）＜仮訳＞

賃金構造の透明化促進のための法律[1]（EntgTranspG）

2017年6月30日付

連邦議会は以下の法律を議決した：

第1章　一般規定

第1条　法律の目的

　この法律の目的は、同一労働または同一価値労働における女性と男性に対する同一賃金の原則を実現することである。

第2条　適用範囲

(1) この法律は、この法律に別段の定めがない限り、第5条第2項の規定による就業者であって、第5条第3項の規定による使用者のもとで就業するものの賃金に適用する。

(2) 一般均等待遇法の規定は、影響を受けない。同様に、その他の不利益待遇の禁止および均等待遇の規定、ならびに特定の人的グループを保護または支援するための公法上の規定も、影響を受けない。

第3条　性別を理由とする賃金上の直接的および間接的な不利益待遇の禁止

(1) 同一労働または同一価値労働において、あらゆる賃金構成要素および賃金条件に関する、性別を理由とする直接的または間接的な不利益待遇は、禁じられている。

(2) 賃金上の直接的な不利益待遇は、就業者が性別を理由として、同一労働または同一価値労働において異性の就業者が受けるよりも少ない賃金を受ける、受けた、または受けるであろう場合に存在する。直接的な不利益待遇は、妊娠または母親であることを理由として、女性がより低い賃金となる場合にも存在する。

(3) 賃金上の間接的な不利益待遇は、一見すると中立的な規定、基準または手続が、就業者に対し、その性別を理由として異性の就業者と比べ、賃金に関して特別に不利益待遇を生じる可能性がある場合に存在する。ただし、当該の規定、基準または手続が合法的な目的によって客観的に正当化され、かつ、それがこの目的を達成するために適切かつ必要な手段である場合には、この限りではない。特に労働市場、成績（Leistung）および労働成果（Arbeitsergebnis）に関する基準は、比例性の原則が守られている限りにおいて、異なる賃金を正当化することが可能である。

---

[1] こちらは仮訳であり、原文との相違がある場合には原文を優先する（参考サイト：https://www.gesetze-im-internet.de/entgtranspg/）。

(4)一般均等待遇法第5条および第8条の規定は、影響を受けない。

第4条　同一労働または同一価値労働の確認、不利益待遇のない賃金制度
(1)女性と男性の就業者が、異なる職場（Arbeitsplatz）で、または同じ職場で相互に、同一または同種の職務を遂行する場合には、同一労働を遂行するものとする。
(2)女性と男性の就業者が、諸要素の全体に基づいて比較可能な状況にあるとみなすことができる場合には、この法律の意味における同一価値労働を遂行するものとする。考慮が必要となる要素には、特に労働の種類、職業訓練要件および労働条件が含まれる。実際の、各職務に対して重要となる要件を考慮の基礎としなければならず、その要件は、該当する職務を遂行する就業者とその成績には左右されないものとする。
(3)第5条第2項に規定する異なる法的関係にある就業者は、第1項に基づき相互に比較可能である、または第2項に基づき相互に比較可能な状況にあると、みなすことはできない。
(4)使用者が、就業者が受ける権利を有する賃金に対して賃金制度を使用する場合には、その全体としての賃金制度および個別の賃金構成要素を、性別を理由とする不利益待遇の可能性が排除されるように構成しなければならない。そのためには、特に次のことが必要となる。
　1．遂行すべき職務の種類が客観的に考慮されること。
　2．女性と男性の就業者に対して共通の基準に依拠していること。
　3．各考課基準のウェイトに差別がないこと。
　4．全体的に可視化されていること。
(5)労働協約による賃金規定ならびに家内労働法第19条第3項の規定による拘束力のある決定に基づく賃金規定に対しては、妥当性の推定を適用する。この規定に基づき異なる賃金グループに割り当てられる職務は、その規定がより高位の権利に抵触しない限り、同一価値ではないとみなされる。
(6)第5項の規定は、法定の賃金規定にも準用しなければならない。

第5条　一般的な用語の定義
(1)この法律の意味における賃金とは、直接的または間接的に、現金または現物で、就業関係に基づき支給される、すべての基本または最低の労働賃金、およびすべてのその他の報酬をいう。
(2)この法律の意味における就業者とは次の者をいう。
　1．被用者
　2．連邦の官吏ならびにその他の連邦の監督下にある公法上の団体、機関および財団の官吏
　3．連邦の裁判官
　4．軍人
　5．職業教育を目的として就業する者
　6．家内労働者およびそれと同等の者
(3)この法律の意味における使用者とは、この法律に別段の定めがない限り、第2項に規定する者を就業させる自然人、法人および法人格を有する人的会社をいう。家内労働の就業者およびそれと同等の者の場合には、「使用者」

を「委託者」または「仲介業者」に読み替えるものとする。
(4)この法律の意味における協約拘束使用者とは、労働協約法第3条第1項の規定による賃金協約または賃金基本協約を適用する使用者をいう。第1段の使用者には、労働協約法第5条に定める一般的拘束力宣言による労働協約の効力に基づく賃金協約、または家内労働法第19条第3項の規定による拘束力のある決定に基づく賃金規定を適用する使用者も含まれる。
(5)この法律の意味における協約適用使用者とは、賃金協約または賃金基本協約の適用範囲内で、賃金に関する協約規定を、使用者と就業者間の書面による取り決めによって拘束的に、かつ、すべての職務および就業者に対して同一内容で定めた使用者であって、その協約規定がすべての職務および就業者に対して適用される場合をいう。

第6条　使用者、労働協約当事者および事業所内の利益代表の任務
(1)使用者、労働協約当事者および事業所内の利益代表は、その任務および可能な行為の範囲内で、男女同一賃金の実現に協力することを求められる。権限のある労働協約当事者は、この法律の意味における同一賃金の原則を遵守するための、および第14条第3項に規定する任務を遂行するための代表者を指名する。
(2)使用者は、性別を理由とする賃金上の不利益待遇から就業者を守るために、必要な措置を講じる義務を負う。この保護には、予防措置も含まれる。

第7条　同一賃金の原則
　就業関係において、同一労働または同一価値労働に対し、就業者の性別を理由として、異性の就業者よりも低い賃金を取り決め、または支払うことは許されない。

第8条　取り決めの無効
(1)第3条または第7条の規定に反する取り決めの規定は、無効とする。
(2)情報請求で要求された情報の使用は、この法律の意味における権利行使に限定される。個人の賃金情報を公開すること、および第三者に提供することは、この使用権には含まれない。

第9条　懲戒処分の禁止
　使用者は就業者に対し、この法律に基づく権利を行使したことを理由として、不利益待遇を行ってはならない。このことは、当該の就業者をその権利行使において支援する、または証人として証言を行う者についても同様とする。一般均等待遇法第16条の規定は、これによって影響を受けない。

第2章　個人による同一賃金の調査手続

第10条　個人の情報請求権

(1) この法律の意味における同一賃金の原則の遵守を調査するために、就業者は第11条から第16条までの規定による情報請求権を有する。これに関して就業者は、無理のない(zumutbar)方法で、同一労働または同一価値労働(比較対象労働)を指定しなければならない。就業者は、第5条第1項の規定による平均の総賃金月額に関する情報、および個別の賃金構成要素のうち、2つまでに関する情報の開示を請求することができる。

(2) 情報請求は、テキスト形式で行わなければならない。就業者が、最後の情報請求を行った後、2年を経過する前に新たに情報を請求することは、前提条件に本質的な変更があったことを就業者が説明する場合にのみ可能となる。

(3) 情報請求は、第11条から第16条までの規定による回答をもって、履行されたものとする。

(4) その他の情報請求権は、この法律によって影響を受けない。

第11条　比較対象労働(Vergleichstätigkeit)および比較対象賃金(Vergleichsentgelt)に関する情報

(1) 情報開示義務は、第2項の規定による賃金決定の基準および方法に関する情報、ならびに第3項の規定による比較対象賃金に関する情報を対象とする。

(2) 賃金決定の基準および方法に関する情報開示義務は、本人の賃金および比較対象労働に対する賃金の決定に関する情報を対象とする。賃金決定の基準および方法が、法規定、労働協約に基づく賃金規定、または家内労働法第19条第3項の規定による拘束力のある決定に依拠する限り、情報請求への回答としては、当該の規定を明記し、かつ、当該の規定を閲覧可能な場所を明示することで足りるものとする。

(3) 比較対象賃金に関する情報開示義務は、比較対象労働に対する賃金(比較対象賃金)に関する情報を対象とする。この比較対象賃金は、平均の総賃金月額および指定された賃金構成要素の常勤換算値で推計した中央値として、それぞれ1暦年に対する値を、次の規定に基づき開示しなければならない：

　1.　第14条の場合ならびに法定の賃金規定の場合には、情報請求を行う就業者と同じ賃金・俸給グループに分類されている、異性の就業者の比較対象賃金を開示しなければならない；

　2.　第15条の場合には、照会した比較対象労働または第15条第4項の規定により特定された比較対象労働を行う、異性のすべての就業者の比較対象賃金を開示しなければならない。

(4) 教会または公法上の宗教団体の集団法に基づく賃金規定には、第2項第2段および第3項第1号の規定を準用しなければならない。

第12条　対象となる範囲

(1) 第10条の規定による請求権は、同一の使用者における就業者数が通常、200人を超える事業所の、第5条第2項の規定による就業者に対して存在する。

(2) 第10条の規定による情報開示義務には、
1. 同じ事業所内および同じ使用者において適用される賃金規定のみが含まれ、
2. 同じ使用者において地域の異なる賃金規定は含まれず、
3. 第5条第2項の規定による就業者グループ間の比較は含まれない。
(3) 情報請求に回答する場合には、請求する就業者および情報請求に関係する就業者の個人情報データの保護を確保しなければならない。特に比較対象賃金は、比較対象労働が異性の6人に満たない就業者によって行われる場合には、開示することはできない。回答を委託された者しか、回答に必要なデータを知り得ないことを、確保しなければならない。

第13条 従業員代表委員会の任務と権利
(1) 従業員代表委員会は、事業所組織法第80条第1項第2a号の規定によるその任務の範囲内で、事業所内における男女同一賃金の実現を促進する。その際に従業員代表委員会は、特に第14条第1項および第15条第2項の規定による任務を引き受ける。事業所組織法上、労働協約法上または事業所内で定められた手続は、これによって影響を受けない。
(2) 事業所組織法第27条の規定による常任委員会（Betriebsausschuss）または事業所組織法第28条第1項第3段の規定により委託を受けた委員会は、第1項に基づくその任務を遂行するために、事業所組織法第80条第2項第2段の意味における総賃金および総給与に関する一覧を閲覧し、かつ、評価する権利を有する。当該の委員会は、複数の情報請求を一括して同時に処理することができる。
(3) 使用者は、常任委員会に対し、就業者の総賃金および総給与に関する一覧を閲覧することを認めるとともに、この一覧を分類しなければならない。賃金の一覧は性別に分類し、すべての賃金構成要素を、協約水準を超える手当および個別に交渉し、支払われる支払いも含めて掲載しなければならない。さらに賃金の一覧は、常任委員会がその閲覧権の範囲内で情報開示を適正に履行できるように、処理されなければならない。
(4) 管理職者（Leitende Angestellte）は、第10条の規定による情報請求を行う場合には、第14条および第15条の規定にかかわらず、使用者に照会を行う。
(5) 使用者は、従業員代表委員会に対して、同委員会が情報請求に回答するために、賃金に関する協約規定の適用が第5条第5項に従って行われているかどうかの説明を、書面またはテキスト形式で行う。従業員代表委員会は、就業者に対して、この説明が行われたことを書面またはテキスト形式で通知する。第1段および第2段の規定を、第14条第3項第3段の場合に準用する。
(6) 法定の、およびその他の集団法で定められた従業員代表委員会の参加権は、この法律によって影響を受けない。

第14条 協約拘束使用者および協約適用使用者における手続
(1) 協約拘束使用者および協約適用使用者の就業者は、第10条の規定による情報請求を行うためには、従業員代表委員会に照会を行う。諸規定は第13条に従うものとする。従業員代表委員会は、使用者に対し、受理した情報請求について匿名化した形で包括的に、情報を提供しなければならない。第1段の規定にかかわらず、従業員

代表委員会は、使用者が情報開示義務を引き受けることを求めることができる。

(2) 第1項第1段の規定にかかわらず、使用者は、情報開示義務の履行を全般に、または特定の事例で引き受けることが、その説明を当該の使用者が事前に従業員代表委員会に対して行っている場合には、可能となる。この引き受けが可能な期間は、最長で、現任の従業員代表委員会の任期期間中とする。使用者が情報開示義務の履行を引き受ける場合には、当該の使用者は、従業員代表委員会に対し、受理した情報請求に関する情報およびその回答に関する情報を、包括的かつ適時に提供しなければならない。就業者にはそのつど、だれが情報を提供するかを知らせなければならない。

(3) 従業員代表委員会が存在しない場合には、就業者は、使用者に照会を行う。使用者は、第6条第1項第2段の規定による権限のある労働協約当事者の代表者に対して、受理した情報請求に対する自らの回答について、情報を提供する。使用者と権限のある労働協約当事者の代表者は、権限のある労働協約当事者の代表者が情報請求の回答を引き受けることを、取り決めることができる。この場合には使用者が、当該の代表者に対し、受理した情報請求に関する情報を、包括的かつ適時に提供する。就業者にはそのつど、だれが情報を提供するかを知らせなければならない。

(4) 権限のある労働協約当事者の代表者が第3項第3段に基づき情報請求に回答する限り、使用者は、当該の代表者に対し、求めがあれば、その任務に必要となる情報を提供しなければならない。当該の代表者にはその任務範囲において、守秘義務が課せられる。

第15条 協約拘束も協約適用もない使用者における手続

(1) 協約拘束も協約適用もない使用者の就業者は、第10条の規定による情報請求を行うためには、使用者に照会を行う。

(2) 従業員代表委員会が存在する場合には、第14条第1項および第2項の規定を準用する。

(3) 使用者または従業員代表委員会は、第10条の規定により請求される情報を、情報請求の受理後、3カ月以内にテキスト形式で提供する義務を負う。期日を遵守できない恐れがある場合には、使用者または従業員代表委員会は、情報請求を行う就業者に対してそのことを知らせなければならず、かつ、それ以上の遅滞なく回答を行わなければならない。

(4) 使用者または従業員代表委員会は、指定された比較対象労働が、どれだけ高い割合で、異性の就業者によって行われているかを開示する。使用者または従業員代表委員会は、照会のあった比較対象労働が、事業所内で適用される基準に基づいて同一労働または同一価値労働ではないとみなす場合には、それをこの基準に基づいて合理的に根拠付けなければならない。その際には、第4条に掲げる基準を考慮しなければならない。この場合には、使用者または従業員代表委員会は、その開示する情報を、自らの見解に基づき同一または同一価値である労働に関する情報としなければならない。従業員代表委員会が情報請求への回答の権限を有する限り、使用者は、従業員代表委員会に対し、求めがあれば、その任務の遂行に必要となる情報を提供しなければならない。

(5) 使用者がその情報開示義務を履行しない場合、争いが生じたときには使用者が、この法律の意味における同一賃金の原則に対する違反が存在しないことの立証責任を負う。このことは、従業員代表委員会が、使用者の責めに帰すべきでない理由から情報を提供できなかった場合についても同様とする。

第16条 公務部門

　第10条の規定による請求権は、就業者数が通常、200人を超える官署における、第5条第2項第1号から第5号までに規定する、公務部門の就業者にも存在する。第11条から第14までの規定を準用しなければならない。

第3章　事業所による同一賃金の調査および実現のための手続

第17条 事業所内調査手続
(1)民間部門の通常、就業者数が500人を超える使用者は、事業所内調査手続によって、その賃金規定および支給される各種の賃金構成要素ならびにその適用が、この法律の意味における同一賃金の原則を遵守しているかについて、定期的に調査することを求められる（auffordern）。1つのコンツェルン内で支配的な企業が、少なくとも1つ以上のコンツェルン内企業の賃金条件に決定的な影響を及ぼす場合には、当該の支配的な企業が、第1段の規定による事業所内調査手続を、すべてのコンツェルン内企業に対して実施することができる。
(2)事業所内調査手続が実施される場合には、使用者の自己責任で第18条の規定による手続を用いて、かつ、事業所内の利益代表の参加の上で、これを実施しなければならない。

第18条 事業所内調査手続の実施
(1)事業所内調査手続においては、どの個別法上、労働協約上および事業所内の法的根拠が複合的に影響するかにかかわらず、同一の賃金制度が適用される労働を調査に含めなければならない。
(2)事業所内調査手続は、現状把握、分析、および結果報告書で構成されなければならない。使用者は、事業所内の共同参加権を考慮した上で、分析方法および労働評価方法を自由に選択する。妥当性が確認された統計的手法を使用しなければならない。データは性別に分類しなければならない。その際には、個人情報データの保護を確保しなければならない。
(3)現状把握および分析は、最新の賃金規定、賃金構成要素および労働評価方法を調査対象としなければならず、これらとその適用が、この法律の意味における同一賃金の原則を遵守しているかについて、評価を行わなければならない。その際には、第4条の規定を顧慮しなければならない。第12条第1項および第2項の規定を準用しなければならない。法定の賃金規定、労働協約に基づく賃金規定、および家内労働法第19条第3項の規定による拘束力のある決定に基づく賃金規定である場合には、労働の同一価値性を評価する義務は存在しない。教会または公法上の宗教団体の集団法に基づく賃金規定には、第4段の規定を準用しなければならない。
(4)現状把握および分析の結果は、その概要をまとめるものとし、それは事業所内で公開することができる。

第19条 賃金上の不利益待遇の除去
　事業所内調査手続から、性別を理由とする賃金上の不利益待遇が明らかになる場合には、使用者は、その不利益待遇を除去するための適切な措置を講じる。

第20条　協力および情報提供

(1)使用者は、従業員代表委員会に対し、事業所内調査手続の計画に関する情報を、適時に、必要な資料を提示した上で提供しなければならない。

(2)就業者に対して、事業所内調査手続の結果に関する情報を提供しなければならない。事業所組織法第43条第2項および第53条第2項の規定を顧慮しなければならない。

第4章　使用者の報告義務

第21条　男女平等および同一賃金に関する報告書

(1)就業者数が通常、500人を超え、かつ、商法典第264条および第289条の規定により状況報告書の作成義務を負う使用者は、男女平等および同一賃金に関する報告書を作成し、この報告書には次の内容を含めるものとする：

　1. 男女平等を促進するための措置およびその効果、ならびに

　2. 男女同一賃金を実現するための措置。

第1段第1号または第2号の意味における措置を実施しない使用者は、その理由を、当該の使用者の報告書で明示しなければならない。

(2)この報告書には、特に性別に分類した次の情報を含めるものとする。

　1. 就業者の総数（平均）

　2. フルタイム就業者数およびパートタイム就業者数（平均）

第22条　報告期間および公示

(1)第21条第1項にいう使用者であって、第5条第4項にいう協約拘束使用者、または第5条第5項にいう協約適用使用者、および第13条第5項に従って賃金に関する協約規定が第5条第5項に基づき適用されることを説明した使用者であるものは、5年ごとに報告書を作成する。その報告期間には、過去5年間が含まれる。

(2)すべてのその他の第21条第1項にいう使用者は、3年ごとに報告書を作成する。その報告期間には、過去3年間が含まれる。

(3)第21条第2項の規定による報告内容は、報告期間中のそのつど最後の暦年に関してのみ、行うものとする。2回目以降の報告書では、報告で挙げた内容に関する、前回の報告書と比べて生じた変化を、報告しなければならない。

(4)第21条の規定による報告書は、そのつどの報告期間に続く次回の、商法典第289条に基づく状況報告書に、添付資料として添付し、かつ、連邦官報で公示しなければならない。

第5章　評価、男女平等特命委員（Gleichstellungsbeauftragte）の任務、経過規定

第23条　評価および報告
(1) 連邦政府は、この法律の発効後、継続的にこの法律の効果に関する評価を行い、4年ごとに、初回を発効の2年後として、評価結果に関する情報を公開する。この評価は、この法律第2章の適用範囲に該当するすべての形態および規模の事業所および企業における、同一労働または同一価値労働における男女同一賃金の原則の実施状況を示さなければならない。
(2) 就業者数が通常、200人以下の事業所における、同一労働または同一価値労働における男女同一賃金の原則をめぐる動向について、連邦政府は、4年ごとに、初回をこの法律の発効の2年後として報告を行う。
(3) 連邦政府は、第1項の規定による評価、および第2項の規定による報告に、社会的パートナーの見解を含めなければならない。

第24条　男女平等特命委員の任務
　連邦行政、企業および連邦の裁判所における男女平等特命委員、ならびに企業内で男女平等を管轄する特命委員は、同一労働または同一価値労働における男女同一賃金の原則の実施に関するこの法律の執行を促進する任務を負う。

第25条　経過規定
(1) 第10条の規定による情報請求権は、2017年7月6日から6暦月後にはじめて行使可能とする。第1段にいう情報請求権が3暦年以内に初めて行使される場合には、就業者は第10条第2項第2段の規定にかかわらず、3暦年の経過後に初めて、新たに情報を請求することができる。第2段の規定は、前提条件に本質的な変更があったことを就業者が説明する場合には、適用しない。
(2) 第21条の規定による報告書は、2018年に初回分を作成しなければならない。
(3) 第22条第1項第2段および第2項第2段の規定にかかわらず、初回の報告書に対する報告期間には、2017年に先行する直近に終了した暦年のみを含むものとする。

社会法典第3編の改正
　2017年5月23日の法律（BGBl. I, 1228頁）第6条第8項により最終改正された、社会法典第3編——雇用促進——（1997年3月24日の法律第1条、BGBl. I, 594頁, 595頁）第29条第2項に次の段を加える：
「雇用エージェンシーは、ジェンダーに敏感な相談サービスを行う。特に、女性と男性の職業選択における多様性の拡大に努めるものとする。」

諸外国における女性活躍・雇用均等にかかる情報公表等について

発効

　この法律は、その公布の翌日に発効する。

第3章 イギリス

はじめに

　イギリスにおける男女均等に関する法制度の整備は、女性の労働市場への参加拡大を背景に進んだといわれ、性別による雇用上の差別禁止や賃金の平等、出産に伴う休業後の仕事への復帰の権利などが法的に保障されることとなった[1]。一方、必ずしも差別禁止法に反しない男女間の格差については、原則として雇用主の自主性に委ねられる傾向にあり、この点が独仏等とは異なる特徴といえる。

　例えば、男女間賃金格差に関する情報の公表義務化は、2010年平等法に条文が盛り込まれていたものの、雇用主による自主的な取り組みを優先するとの考え方から、施行は先送りされた。しかし、政府の呼びかけに賛同を表明する雇用主は少なくなかったものの、実際に情報を公表した雇用主はごくわずかに留まったことから、政府は公表義務化に踏み切ったとされる。男女間で顕著な差がみられる場合、雇用主にはその理由や改善に関する計画、さらに次年度以降は改善策の進捗についても公表が求められるが、格差やその改善が進まないことに対する罰則は設けられていない（公表自体を怠った場合のみ、罰金が科される）。また、企業における女性役員比率については、上場企業のトップ100社あるいは250社の合算による比率が実質的な目標とされるに留まり、個別の雇用主に比率の達成が義務づけられるには至っていない。

　以下、男女間賃金格差の公表制度を中心に、男女均等に関する主な制度等について概観する。

第1節　男女平等にかかる行政の諸政策

1. 企業に対する公表制度・義務化の状況

（1）男女間賃金格差の公表制度

①導入の経緯[2]

　男女間賃金格差の縮小に向けた雇用主の具体的な取り組みを求める議論は、1990年代後半に活性化した。当時、均等政策に関する啓発や被害者支援、調査、政策提言などを担っていた機会均等委員会（Equal Opportunities Commission：EOC）[3]は、1997年、賃金格差の改善が遅々として進まないことや、賃金差別に関する申し立て件数の増加、審理の長期化などの問

---

[1] 1970年代の女性の労働市場への参加拡大には、子供を持つ女性のパートタイム労働を通じた就業の拡大が寄与したことが指摘されている（Fagan (2009)）。同時期には、1970年平等賃金法（Equal Pay Act 1970）（施行は1975年）や、1975年性差別禁止法（Sex Discrimination Act 1975）の成立、1975年雇用保護法（Employment Protection Act 1975）（産前・産後の休暇制度（maternity leave）による妊娠・出産を理由とした解雇の禁止、出産休暇終了後に仕事に復帰する権利の保障など、均等政策の基盤となる法律が相次いで施行されている。
[2] 本節の内容は、主に労働政策研究・研修機構（2012）およびHouse of Commons Library (2018)による。
[3] 性差別禁止法に基づき、1975年に設立。2007年に、人種および障害者の平等に関する各機関（Commission for Racial Equality (CRE)およびDisability Rights Commission (DRC)）と統合、平等人権委員会（Equality and Human Rights Commission：EHRC－後述）に改組された。

題に抜本的な対策を講じるため、「平等賃金に関する行為準則」(Code of Practice on Equal Pay)[4]を作成、その一環として、賃金制度の検証を雇用主に求める「賃金レビュー」(pay review)を提案した。次いで、EOC が組織した平等賃金タスクフォース(Equal Pay Task Force)が、2001年にまとめた報告書[5]において、賃金レビューの義務化を提言している。賃金制度が差別的であることが確認された場合は、さらに詳細な見直し作業である「平等賃金レビュー」(Equal Pay Review)の実施を義務づけるべきであると報告書は述べ、レビューの実施に関するガイダンスの提示などを EOC に提案した。EOC はこれを受けて、2002 年にガイダンス"Equal Pay Review Toolkit"を作成、さらに 2003 年には、職務評価などによる従業員間の職務内容と賃金額の対応関係の分析・比較を柱として、行為準則を改定した。

並行して 2000 年代半ば以降、政府が進めていた差別禁止関連法の統合作業[6]に関連して、EOC や労働組合、女性の権利保護に関する団体などは、平等賃金レビューの義務化を求めた。しかし、経営側がこれに反対したほか、政府が折に触れて行なってきた専門家に対する諮問も、義務化については消極的な姿勢を示していた[7]。

結果として、2010 年成立した平等法には、平等賃金レビューの義務化ではなく、男女別の賃金水準の公表を義務づけるための規則を大臣が作成できるとする条文が盛り込まれた(78 条)。従業員規模が 250 人以上の事業所を対象に、最短で 1 年おきに情報公開を義務づけ、違反した場合には 5,000 ポンドの罰金を科すとする内容であった。賃金水準の算定方法や対象とする使用者や従業員の範囲など、具体的な手法等は規則で定めるとし、また当座は使用者の自主的な取り組みに委ね、2013 年時点で普及状況が望ましい水準に達していないと判断される場合のみ、これを施行するとした。

しかし、平等法成立直後の総選挙で成立した連立政権は、民間企業に対する平等賃金監査の義務化は少なくとも当面実施しないとの方針を発表、使用者の自主的な取り組みに委ねるとの方針を示した。平等政策を所管する内務省は、その具体策として 2011 年 9 月に「Think, Act, Report」[8]のイニシアチブを開始した。150 人規模以上の企業を主なターゲットに、①格差是正の取組状況やその原因の分析、従業員の意識調査の結果などの背景に関する説明と、②従業員の男女構成(全体、レベル別等)に関する指標(workforce measures)、③男女間の賃金格差(全体、フルタイムのみ、初任給等)に関する指標(pay measure)の公表を求めるものである。開

---

[4] 「行為準則」は、国務大臣や行政機関が作成する実務的ガイダンス文書。直接的な法的拘束力は持たないが、雇用審判所や裁判所等の手続きにおいて規定の遵守状況が考慮される。内藤(2009)を参照。
[5] Equal Pay Task Force (2001)。タスクフォースの実施した調査に対して、多くの使用者が、自らの組織に男女間の賃金格差は存在せず賃金制度の見直しの必要もないと回答、企業の自主的な取り組みを通じた状況の改善は望めないとして、賃金レビューの義務化を求めるに至ったとされる。
[6] 既存の性、人種、障害、年齢など個別分野ごとの法律や膨大な規則等を簡素化し、各法律間の規制内容の整序をはかるとともに、社会の変化に即した差別禁止法制の見直しが企図されていた(Discrimination Law Review (2007))。
[7] 例えば、タスクフォースに対抗する形で政府が別途設置したとされる Women and Equality Unit の答申 (Kingsmill (2001))や、Women and Work Commission(2006)など。
[8] https://www.gov.uk/government/publications/think-act-report/think-act-report.

始以降、2014年までの3年間で、250社あまりがイニシアチブへの支持を表明したものの[9]、現地メディアによれば、実際にデータを公表した企業は5社に留まり、この結果を受けて、政府内部で男女間賃金格差の公表義務化の要請が強まったとされる[10]。

②制度概要

2010年平等法78条の発効[11]により、男女間賃金格差の公表制度（gender pay gap reporting）が、公共部門について2017年3月、民間部門について同4月に、それぞれ導入された[12]。所定の期日（snapshot date）[13]に、従業員規模が250人を超える組織[14]に対して、男女間の賃金格差等の公表を義務づけている。賃金格差は、賃金の単純な平均及び中央値の比較であり、職務等を考慮していないため、そのまま違法な賃金差別の存在を示すものではないが、組織内に大きな賃金格差がある場合、何らかの問題が存在する可能性があり、各データの計算がその特定に役立ちうるとされる[15]。

i)「従業員」の範囲

対象として含めるべき「従業員」（relevant employee）の範囲には、雇用契約のある従業員のほか、労働者、派遣労働者（役務の提供の契約がある場合）[16]、一部の自営業者（自身で役務を提供しなければならない者）が含まれ[17]、これらの合計が250人以上となる組織が公表義務の適用対象となる。

ii) 公表すべき指標と算出方法

公表すべき指標は、以下の通り[18]である。
・時間当たり賃金に関する格差（平均及び中央値による比較）
・一時金（bonus pay）に関する格差（平均及び中央値による比較）
・一時金支給の対象となる男女別の従業員比率

---

[9] Government Equalities Office (2014).
[10] 'David Cameron to force companies to disclose gender pay gaps' The Guardian (2015.7.14) (https://www.theguardian.com/society/2015/jul/14/david-cameron-to-force-companies-to-disclose-gender-pay-gaps).
[11] 同条文の発効は、Equality Act 2010 (Commencement No.11) Order 2016 による。
[12] 民間部門については、Equality Act 2010 (Gender Pay Gap Information) Regulations 2017、公共部門はThe Equality Act 2010 (Specific Duties and Public Authorities) Regulations 2017 による。
[13] 民間企業及び非営利組織は4月5日、公的機関は3月30日。
[14] 対象はグレートブリテン（イングランド、スコットランド、ウェールズ）。北アイルランドについては、未だ法整備が完了していない。
[15] 政府のガイダンスによる。
[16] 派遣事業者との間に雇用契約等がある場合は、派遣事業者が雇用主となる。
[17] https://www.gov.uk/guidance/gender-pay-gap-reporting-overview.
[18] 庶民院の女性・均等委員会は2016年の報告書において、年齢やフルタイム・パートタイムの区分による賃金格差も公表内容に含めるよう提言していたが、これらは盛り込まれなかった。

- 賃金水準の四分位別男女比率[19]

ここでの「賃金」および「一時金」は、それぞれ次の範囲を指す。

- 賃金(pay)：通常支払われる賃金・手当（危険手当、勤務地手当、車両や物品の購入・リース・維持に関する手当、採用・慰留に関する手当）、出来高給、休暇手当（有給休暇取得時）、シフト手当（時間外労働等に関連した手当、解雇手当、未取得の休暇に対する手当、金銭によらない報酬等は除く）。
- 一時金(bonus pay)：金銭、バウチャー、有価証券、株式オプション、配当金、利潤や生産性向上の分配、パフォーマンス、インセンティブ手当、手数料など。

賃金格差の算出手順について、ガイダンス[20]は以下の通り説明している。

- 対象とすべき労働者(full-pay relevant employee)[21]のリストを作成、賃金・手当額（所定の期日を含み、通常賃金が支払われる期間（週・月等）に関する額）のほか、一時金、労働時間等のデータを収集、各労働者の時間当たり賃金・手当額および日割りの一時金額（一時金の支払い対象期間に基づく）を算出する。対象となる自営業者については、例えばプロジェクトの期間とこれに対応する支払額などを用いる。
- 平均及び中央値を算出する。平均は、労働者の時間当たり賃金額を男女別に合算の上、当該の労働者数で除することで得られる。また中央値は、労働者を賃金額順のリストにし、労働者が奇数の場合は中間にあたる従業員の賃金額を、偶数の場合は中間の2人の賃金額の平均により得られる。
- 平均・中央値の双方について、男性の賃金額から女性の賃金額を差し引いたものを男性の賃金額で除して100をかける（男性の賃金額に対する差額の比率の計算）。一時金についても、12ヵ月相当分の額をベースに同様の処理を行う。

iii) 指標の公表

　雇用主は、一般からアクセス可能な自組織のウェブサイト等に結果をまとめたレポートを掲載するとともに、政府の設置する専用ウェブサイト[22]にも登録を行なうこととされている。専用ウェブサイトに登録されたレポートは、一般に公開される。

　なお、制度の実施状況は、平等人権委員会(Equality and Human Rights Commission: EHRC)が監視の役割を担っている[23]。同委員会には、期限までに公表を行わなかった組織[24]に対して調査(investigation)を行い、裁判所に申し立てて是正命令の発行を求める権限が与え

---

[19] 賃金水準により4分割した従業員層のそれぞれにおける男女比。
[20] Government Equalities Office and ACAS (2017)
[21] 報告対象となる給与支払い期間において、休業（例えば出産休暇等）に伴い本来支払われる給与よりも低い額が支払われている労働者は該当しない。また、労働者が性別を自ら選択しない場合についても、賃金額の算定の際には対象から除外される。
[22] https://genderpaygap.campaign.gov.uk/.
[23] https://www.equalityhumanrights.com/en/advice-and-guidance/gender-pay-gap-reporting.
[24] 現地メディアによれば、4月半ば時点でおよそ1,500組織が未公表であった。

られている。是正命令にも従わない場合、訴追されて有罪となれば、罰金が適用される[25]。また、調査の対象となった雇用主は、その結果を含めて委員会のウェブサイト上で公表するとの方針が示されている[26]。

③初回公表(2018年)の結果

法律に定められた初回公表の期限となる2018年3月末(公的機関)から4月はじめ(民間組織)までに公表を行った組織は1万104組織であった[27]。政府サイトのデータをもとに庶民院図書館がまとめた資料[28]によれば、全体の78%の組織で、女性の賃金水準(中央値による比較、以下同)が男性より低く、女性の賃金水準が男性を上回る組織は14%に留まる。男女間の賃金格差は平均で12%[29]。ただし3割近い組織(27%)が、20%以上の賃金格差を報告している。また、規模の大きい組織では相対的に賃金格差が小さい傾向にあるとされる[30]。

同資料は、より詳細な分析を行っていないが、現地メディアが政府サイトの情報をもとに別途分析したところによれば[31]、賃金格差の状況は業種による差が大きい。例えば、建設業(25%)、金融保険業(22%)、教育業(20%)などで大きな賃金格差がみられる一方、宿泊・食品サービス業(1%)や保健・福祉業などでは、格差はごくわずかに留まっているとされる。

庶民院のビジネス・エネルギー・産業戦略委員会は、初回公表と前後して2018年3月下旬に制度に関する検討会を開始、各種の制度拡充を提言する報告書[32]を8月にまとめている。賃金格差の理由に関する説明だけでなく、対応策(アクションプラン)についても公表を義務化し、その進捗について毎年の公表内容に含めること、また有効な改善策を採っていない雇用主には説明責任を課すことなどを求めている。また公表結果からは、組織規模が小さい方が、賃金格差が大きい傾向が看取されることから、対象とする規模を250人超から50人超に引き下げるべきであるとしている。さらに適用しうる違反組織への罰則について具体化していないのは政府の怠慢であると指摘、改善を要請している。

---

[25] 手続きの詳細は、EHRC (2017) "Closing the gap:Equality and Human Rights Commission Enforcing the gender pay gap regulations"参照。
[26] House of Commons Treasury Committee (2018) "Correspondence from the Chief Executive of the Equality and Human Rights Commission relating to gender pay gap reporting" (https://www.parliament.uk/business/committees/committees-a-z/commons-select/treasury-committee/publications/).
[27] 最終的に8月には、公表組織の比率が100%に達したとされる('100% of UK employers publish gender pay gap data' 1 August 2018 (https://www.gov.uk/government/news/100-of-uk-employers-publish-gender-pay-gap-data)。
[28] House of Commons Library (2018) "The Gender Pay Gap".
[29] なお、賃金統計(Annual Survey of Hours and Earnings)に基づく賃金格差(全規模)は18.4%。
[30] 同資料によれば、2万人以上規模の組織で8.7%、250〜499人規模では12.8%。ただし、規模の大きい組織は、男性に対する一時金の額が女性より高い傾向にあるという。
[31] The Guardian 'Gender pay gap: what we learned and how to fix it' (April 5, 2018).
[32] House of Commons Business, Energy and Industrial Strategy (2018) "Gender Pay Gap Reporting".

2. 男女平等にかかるその他の取り組み

既にみたとおり、男女間賃金格差は男女の従業員の賃金水準を単純に比較するものであり、格差があることがそのまま賃金差別の存在を意味するわけではない。平等法が規定する、性別や(その他)に基づく賃金上の差別に関しては、労働者が雇用審判所等に申し立てを行うことによって法的救済を得ることができる。また、EHRC は均等賃金に関する実施準則(Equal Pay Statutory Code of Practice)[33]を公表している。

(1) 平等賃金監査(平等賃金レビュー)

職務評価に基づく賃金格差の分析手法である「平等賃金レビュー」は現在、制度上の呼称が「平等賃金監査」(Equal Pay Audit)に変更されている。上述のとおり、平等賃金監査は平等法の策定に際しては盛り込まれず、義務化もされなかったが、2014 年の法改正により、雇用審判所は均等賃金違反と判断された雇用主に対して、平等賃金監査の実施を命令しなければならないこととなった[34]。

EHRC は、公的機関に課された公共部門平等義務(Public Sector Equality Duty－平等法の規定する保護属性を有する労働者や公的サービス、政策等の受容者に対する平等に配慮することを義務化)への対応の一環として、平等賃金監査を推奨しており[35]、一部の公的機関ではこれを実施している場合がある。

(2) 女性役員比率に関する目標の設定

一方で、企業における女性役員比率の引き上げが政策的な課題とされるに至り[36]、雇用主の自主的な取り組みを通じてその促進をはかるイニシアチブ("Women on Boards"[37])が実施されている。この関連で、2010 年に当時の政府からの諮問を受けた Davies 卿[38]が 2011 年に提出した報告書[39]は、上場企業トップ 350 社(FTSE350)に対して、女性役員比率に関する 2013 年と 2015 年の自主的な目標値の設定を求めるとともに、上場企業トップ 100 社(FTSE100)につ

---

[33] 'Equal Pay: Statutory Code of Practice' (https://www.equalityhumanrights.com/en/publication-download/equal-pay-statutory-code-practice)。EOC の行為準則を踏襲しつつ、補完した内容。
[34] Equality Act 2010 (Equal Pay Audits) Regulations 2014 (reg.2)。ただし、特殊な事情が認められる場合は、命令を行わないことができる。
[35] なお EHRC は現在、平等賃金監査を 50 人以上規模の組織向けの分析手法と位置づけ、これと区別する形で、50 人未満規模の組織向けの簡易な検証手法を「平等賃金レビュー」と称して、ガイダンスを行っている (https://www.equalityhumanrights.com/en/advice-and-guidance/how-implement-equal-pay)。
[36] 2010 年の総選挙で成立した保守党と自由民主党の連立政権が作成した政策協定に、「上場企業におけるジェンダー平等の促進を目指す」との内容が盛り込まれた。
[37] https://www.gov.uk/government/publications/women-on-boards--3.
[38] 上記の政策協定に基づき、関係大臣が Davies 卿に諮問を行ったもの。女性役員比率の現状、改善の阻害要因、政府や企業が行うべき取り組みに関して提言を行うことが求められた。Lord Davies of Abersoch は貴族院議員で、労働党政権下では、ビジネス・イノベーション・技能省の閣外相(貿易・投資担当相)も務めた。
[39] Davies (2011)。レビューでは、関係者からの意見聴取が行われたが、いわゆるクオータ制(一定の女性役員比率の達成の義務づけ)の導入をめぐって賛否の両方の意見が寄せられたという。

いては 2015 年の目標値を最低でも 25％以上とするよう提言した[40]。以降、FTSE100 全体での女性役員比率が 25％に達することが主要な目標とされ、Davies 卿を含む運営委員会により、毎年の進捗が報告された[41]。

　イニシアチブ導入後、女性役員比率は顕著に上昇し、2015 年には FTSE100 における比率が 26％に達した（図表 3-1）。Davies 卿は、2015 年の報告書[42]で目標の達成を宣言、イニシアチブをさらに 5 年後の 2020 年まで延長し、新たな目標として、FTSE350 における女性役員比率を 2020 年までに 3 分の 1（33％）とすることを提言した（2015 年 10 月時点の比率は 21.9％）。新たな 5 年間について、Davies 卿の後継として政府からの諮問を受けた専門家[43]による Hampton-Alexander Review は、初年にあたる 2016 年の報告書[44]で、Davies Review の方向性を引き継ぎつつ、新たに FTSE100 について、「リーダーシップチーム」（「執行役員または執行役員に直接報告を行うシニアリーダー」と定義）における女性比率を 33％とする目標の設定を提言した。さらに、翌 2017 年の報告書[45]では、これを FTSE250 にまで拡大するとしている。

図表 3-1　FTSE100 および FTSE250 における女性役員比率の推移（％）

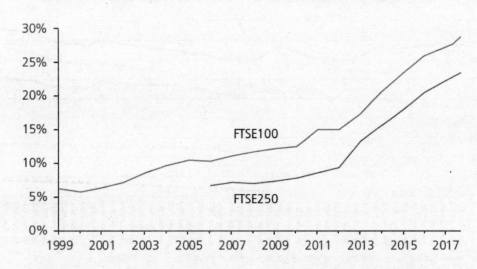

出所：House of Commons Library (2018) "Women and the Economy"

---

[40] 関連して、上場企業に女性役員比率や女性従業員比率の公表を義務づけるよう求めたほか、上場企業に対して役員会のダイバーシティに関するポリシー（計測可能な目標を含む）の設定とその達成状況の開示をコーポレートガバナンス・コードに規定すること、また役員の選定方法に関する情報の開示などを併せて提言している。
[41] なお、これに対応した企業側の自主的な取り組みとして、上場企業における女性役員比率の 30％への引き上げを目指して 2010 年にイギリスで開始され、他国に広がりつつある「30％クラブ」がある。
[42] Davies (2015).
[43] Sir Philip Hampton（Chairman of GlaxoSmithKline）及び Dame Helen Alexander（Chair of UBM（当時））。
[44] Hampton-Alexander (2016).
[45] Hampton-Alexander (2017).

第2節　企業における女性活躍・雇用均等の実態

1. 企業における女性労働者の現状

(1)就業者数・就業率

女性の就業者数（16歳以上）は、1971年1-3月期の902万人から2018年5-7月期には1,523万人となり、過去40年以上にわたって増加が続いている。同時期における女性の就業率は42.5%から56.2%に（13.7ポイント増）、また就業者全体に占める比率も36.7%から47.0%に上昇している。この間、就業者数では男性も増加しているものの、男性の就業率は女性とは対照的に80.9%から66.1%と大幅に減少しており[46]、就業者の男女別構成には少なからず変化があったとみられる。また、フル／パートタイム区分によるデータが参照可能な1990年代以降の状況をみると、女性就業者の拡大はフル／パートタイムの双方で増加してきたこと、女性は男性に比してパートタイム被用者の比率が顕著に高いことなどが窺える。

図表3-2　就業形態別被用者数の推移（千人）

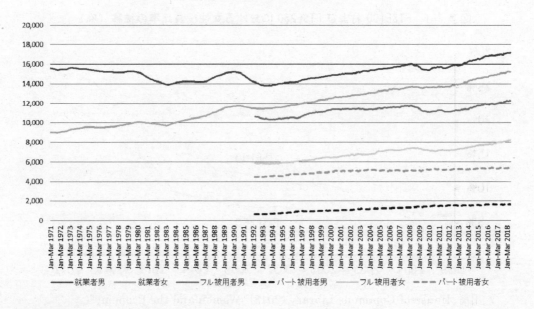

注：いずれも16歳以上。
出所：Office for National Statistics "UK labour market: September 2018" (A02 SA: Employment, unemployment and economic inactivity for people aged 16 and over and aged from 16 to 64 (seasonally adjusted)"および"EMP01 SA: Full-time, part-time and temporary workers (seasonally adjusted)" (https://www.ons.gov.uk/employmentandlabourmarket/peopleinwork/employmentandemployeetypes/bulletins/uklabourmarket/september2018/relateddata).

Roantree and Vira (2018)は、女性就業者の増加の主な要因として20代後半から30代初めの女性の就労拡大を挙げており、これには、パートナーや配偶者との同居、また子供を持つ年

---

[46] 同時期に、男性では非労働力人口が492万人増加しており（女性では53万人の減）、うちおよそ半数は引退層の増加によるとみられる（同期の16-64歳層における男性の非労働力人口の増加は257万人で、492万人との差分（235万人）の大半は65歳以上層と推測されるため）。この他、若年層では義務教育修了以降も教育に留まる層が増加した結果として、非労働力人口が増加している可能性がある。

第3章　イギリス

齢が上がったことに加え、子供を持った後も労働市場に留まり続けるようになった[47]ことの影響が指摘されている。また、相対的に高い収入の配偶者を持つ妻の就業率がより顕著に上昇したとされる。

また、職種別の就業状況をみると、経営・管理職層や専門職層に占める女性就業者の比率はゆるやかな上昇傾向にある（図表 3-3）。下位区分では、保健・介護業や保健・ソーシャルサービス業における経営・管理職層で比率が高い一方、執行役員・上級職員や、生産部門（製造業、建設業、鉱業、エネルギー業）あるいは運輸・倉庫業、保安サービスなどの業種における経営・管理職では比率が低い。また、パートタイム層に関するデータが参照可能な区分については、例外なくフルタイム層よりも女性比率が高いことがうかがえる。

図表 3-3　経営・管理・上級職および専門職における女性就業者比率（％）

注：職業分類の組み換えに伴い、2010 年と 2011 年のデータには連続性はない。
出所：Office for National Statistics "Dataset: EMP04: Employment by occupation"各年
（https://www.ons.gov.uk/employmentandlabourmarket/peopleinwork/employmentandemployeetypes/datasets/employmentbyoccupationemp04）。

図表 3-4　雇用形態別、経営・管理・上級職に占める女性就業者比率

（2018 年第 2 四半期、％）

	就業者計（千人）	女性比率(%)	被用者 フル	被用者 パート	被用者 計	うち自営業者 フル	うち自営業者 パート	うち自営業者 計
計	32,319	47.0	40.1	76.4	49.4	21.8	60.5	33.4
経営・管理・上級職	3,486	35.2	32.0	68.6	35.5	27.0	53.5	33.8
執行役員・上級職員	118	23.1	21.0	*	21.8	*	*	*
生産部門の経営・管理職	547	10.7	8.7	43.8	10.6	8.8	*	11.1
管理部門の経営・管理職	1,086	40.5	36.7	77.0	41.7	27.0	57.4	34.2
金融機関の経営・管理職	91	36.0	37.2	*	38.1	*	*	*
運輸・倉庫業の経営・管理職	190	18.5	18.6	*	18.9	*	*	*
保安サービスの上級職員	56	17.5	16.5	*	17.7	*	*	*
保健・ソーシャルサービス業の経営・管理職	88	74.2	71.3	87.2	73.3	*	*	87.6
小売・卸売業の経営・管理職	336	34.8	32.7	76.5	36.0	23.9	54.9	29.9
農業関連サービスの経営職・経営者	35	34.4	*	*	*	38.6	*	42.0
ホスピタリティ・娯楽業の経営職・経営者	302	47.2	44.5	81.4	48.5	38.1	62.3	44.7
保健・介護業の経営職・経営者	78	85.9	83.8	94.5	85.7	*	*	100.0
その他サービス業の経営職・経営者	560	39.1	35.0	63.1	37.7	33.9	55.2	41.1

出所：図表 3-3 に同じ。

---

[47] 報告書の分析によれば、母親の就業率は、1975 年の 50％から 2015 年には 72％に上昇しており、特に 1 人親の母親や、就学前から小学生までの年齢の子供を持つ母親の就業率の上昇が大きいとされる。

(2) 賃金格差の状況

次に、男女間の賃金格差に関する状況をみる。男女のフルタイム労働者を比較した場合、全体で9.1％、職種別には、販売・顧客サービス(3.6％)や管理事務・秘書職(6.3％)など、女性就業者が多いとみられる職種では相対的に低く、熟練職(24.8％)や加工・プラント・機械操作職(20.2％)などでは2割を超える。また業種別には、金融保険業(30.9％)や電気・ガス・熱供給業(20.0％)などで高い一方、鉱業・採掘業(マイナス14.8％)、雇い主としての世帯活動等(マイナス9.8％)などでは女性の賃金水準が男性を上回っている[48]。

男性フルタイム層と女性パートタイム層を比べた場合には、この差は全体で36.4％に拡大する。

図表3-5 職種別・業種別時間当たり賃金額および賃金格差（2017年）

	時間当たり賃金(£)*1				賃金格差（対男性フル、%）	
	男性フル	男性パート	女性フル	女性パート	女性フル	女性パート
計	14.48	8.76	13.16	9.21	9.1	36.4
職種別						
経営・管理・上級職	22.62	14.98	19.28	13.36	14.8	40.9
専門職	21.30	21.13	18.91	19.43	11.2	8.8
準専門職・技術職	16.69	13.01	14.67	12.12	12.1	27.4
管理事務・秘書職	11.99	9.57	11.24	9.95	6.3	17.0
熟練職	12.44	8.11	9.36	8.15	24.8	34.5
看護・娯楽・その他サービス職	9.89	8.71	9.19	8.90	7.1	10.0
販売・顧客サービス職	9.62	7.85	9.27	7.91	3.6	17.8
加工・プラント・機械操作職	10.84	8.35	8.65	8.09	20.2	25.4
非熟練職	9.21	7.55	8.06	7.74	12.5	16.0
業種別						
農業・林業・水産業	9.70	8.70	8.56	8.50	11.8	12.4
鉱業・採掘業	17.12	x	19.66	x	-14.8	x
製造業	14.11	9.87	11.60	9.59	17.8	32.0
電気・ガス・熱供給業	19.73	11.96	15.79	12.27	20.0	37.8
水道・廃棄物処理業	12.80	9.43	13.27	10.94	-3.7	14.5
建設業	14.15	10.00	13.00	10.00	8.1	29.3
卸売・小売業、自動車・バイク修理業	11.65	8.00	10.27	8.00	11.8	31.3
運輸・倉庫業	12.76	10.23	12.86	10.30	-0.8	19.3
宿泊・飲食業	9.08	7.50	8.51	7.50	6.3	17.4
情報通信業	19.82	13.14	16.77	10.94	15.4	44.8
金融保険業	24.41	12.44	16.87	12.17	30.9	50.1
不動産業	14.37	10.26	13.08	10.00	9.0	30.4
専門・科学・技術サービス業	18.95	13.55	15.33	11.85	19.1	37.5
事務・補助サービス業	11.00	8.41	10.40	8.41	5.5	23.5
公務・防衛	16.95	13.78	15.18	11.40	10.4	32.7
教育	18.31	15.00	15.95	9.94	12.9	45.7
医療・介護	14.99	11.18	12.71	10.60	15.2	29.3
芸術・娯楽・レクリエーション	12.02	8.40	10.73	8.41	10.7	30.0
その他サービス	13.19	9.70	11.41	8.40	13.5	36.3
雇主としての世帯活動等*2	10.01	8.50	10.99	9.20	-9.8	8.1

*1 時間当たり賃金額は2017年の速報値、時間外労働を含まない給与額の中央値による。
*2 世帯における自家利用か否かを区別できない財・サービスの生産活動を含む。
出所：Office for National Statistics (2017) "Annual Survey of Hours and Earnings: 2017 provisional and 2016 revised results"
(https://www.ons.gov.uk/employmentandlabourmarket/peopleinwork/earningsandworkinghours/bulletins/annualsurveyofhoursandearnings/2017provisionaland2016revisedresults)

---

[48] 鉱業・採掘業や水道・廃棄物処理業、運輸・倉庫業など、女性の賃金水準が高い業種では、作業労働者層に男性の比率が高いことが影響していると考えられる。

なお、統計局の分析によれば、男女間賃金格差の状況は年齢別に異なる（図表 3-6）。20 歳代後半から 30 歳代前半まで、時間当たり賃金における男女間賃金格差は相対的に小さく、一部の層では女性の賃金水準が男性を上回っている（フルタイム 30-34 歳層、パートタイム 30-34 歳層、35-39 歳層、40-44 歳層）。しかし、フルタイムとパートタイムを合わせた全体では、女性のパートタイム層の多さ（男性のフルタイム層の多さ）を反映して、すべての年齢階層を通じて男性の賃金水準が女性を上回っている。フルタイム層の男女間賃金格差は30歳代後半から拡大、またパートタイムにおけるマイナスの賃金格差も 40 歳代前半には収束し、以降はフルタイム、パートタイムともに格差が拡大する。

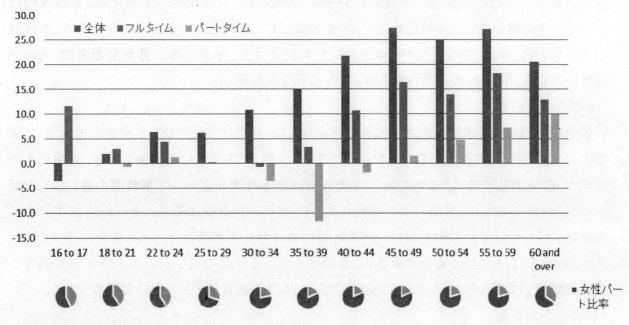

図表 3-6　時間当たり賃金の年齢階層別男女間格差（2017 年、％）

出所：図表 3-5 に同じ。

EHRC（2017）は、賃金格差の現状について詳細な分析を行っている[49]。これによれば、男女間の職業的分断（occupational segregation）の影響は減少しつつあるが、職業内における女性の賃金水準は依然として男性より低く、このことは、同一の仕事に対して男性より低い賃金しか支払われていないか、あるいは（同じ職業内でも）男性よりレベルの低い仕事に従事する傾向にあることを示唆している。同一の職業内で比較した場合の男女間の賃金格差（中央値）は、2014 年時点で 15.3％と、1993 年の 20.7％からは低下しているものの、労働者全体で見た場合の格差に比して低下幅は小さい。同一職業内でのこの賃金格差が、男女間の賃金格差を相当程度説明しうる要素となっている。

また、女性は低賃金の仕事に従事している比率が高く、2014 年には、時間当たり賃金額が 8

---

[49] Equality and Human Rights Commission (2017) "The gender pay gap"。主に年次労働時間・賃金調査（Annual Suvery of Hours and Earnings）のデータに基づく分析。

ポンド未満の労働者は男性で 20.4%、女性では 30.3%である。加えて、女性就業者の 5 分の 2 はパートタイム労働者で、数でみると男性の 4 倍である。これには、家族を理由とする選択の影響が大きいとみられる。

(育児の影響)

年齢とともに賃金格差は拡大する(高齢の女性労働者と高齢男性の格差は若年層の男女間のそれより大きい)。これは主に、女性は男性に比べて、育児を理由に労働市場からいったん退出しがちであるため、キャリアに影響を及ぼしていることによるとみられる。女性の勤続年数が、家族形成の影響により短期化することによる賃金格差への影響は、統計的に確認されている。若年の既婚女性は、未婚女性よりも賃金水準が高いが、この傾向は年齢とともに減少し、40 歳代以降は逆転する。育児との関連の可能性が分析により明らかになっている。男性では、既婚男性はすべての年齢層において未婚男性よりも賃金水準が高い。女性の賃金に占める育児による賃金ペナルティの比率は、わずかながら増加傾向にある。ただし、子供を持つ男女労働者間、ならびに男性と子供を持つ女性の間の賃金格差は、全体と同様縮小している。

(家事負担の影響)

賃金格差は家事負担とも関連していると考えられる。女性は男性に比して家事負担が多く、家事の必要は男女に同様に影響するわけではない。女性がより少ない時間働く場合、家事にその時間が充てられる傾向にあるのに対して、男性では労働時間の違いが家事時間の違いにつながるわけではなく、総じて(労働時間の長短によらず)家事への貢献は低度にとどまる。家事に充てる時間が最も長い女性労働者層は、家事時間の多い男性労働者に比べても賃金水準が低い。また、介護責任は男女の賃金に影響し、長時間を要する介護の責任を有する男女の労働者の賃金水準は、ほぼ同等となる傾向にある。ただし大半は介護責任を持たない労働者である。

(教育水準の影響)

1993 年から 2014 年の間、大卒者における男女間賃金格差は 21%から 6%に縮小、同時期に A レベル未取得者の男女間賃金格差は 34%から 17%に縮小した。男性被用者に占める大卒者の割合は 28%、女性では 33%である。回帰分析の結果によれば、年齢や勤続年数などの要因をコントロールした場合、女性は男性より学位による賃金上昇効果が大きく、また大卒者向けの仕事に就くことによる利益を得やすい。この傾向は、特に公共部門で強いとみられる。

2. 企業における取り組みの課題と実績状況

(1) 男女間賃金格差に関する雇用主の意識

Department for Education (2017)は、男女間賃金格差の公表制度導入に先立って、企業等における男女間賃金格差の縮小に向けた取り組みの状況に関する調査[50]を実施、報告書をま

---

[50] Department for Education (2017) "Employers' understanding of the gender pay gap and actions to tackle it". 従業員規模 250 人以上の企業 900 社に対する電話調査および 30 社に対するインタビュー調査(2017 年 3 月から 5 月に実施)。

とめている。調査結果からは、雇用主が男女間賃金格差の縮小の必要性に一定の理解を示してはいるものの、未だ新しい課題であり、具体的な是正策にも向かいにくい状況にあることが窺える。

まず、「男女間賃金格差」(gender pay gap)に関しては、48％が計算方法を含めてよく理解していると回答、41％は計算方法については確かではないが概念は理解していると回答している[51]。また63％が、「男女間賃金格差の縮小」と「男女に対する平等な賃金の支払い」の違いについて正しく理解していると回答している。公共部門の組織や、従業員規模1,000人超の企業で、正しく理解しているとの回答の比率が高かった。なお、インタビュー調査からは、賃金格差の公表制度導入以前には、男女間賃金格差について意識していなかった(not engaged)とする雇用主が多く、このため理解の度合いや正確さには疑問がある、と報告書は分析している。不正確な理解の典型的な理由は、賃金格差と均等賃金を混同していることによる。

また、31％の組織が過去12カ月間に(すなわち公表制度の開始に先立って)男女間賃金格差を算定したと回答している。インタビュー調査では、これらの雇用主の多くが公表制度導入前の予行演習として算定を実施したとしており、制度導入にかかわらず自発的に算定を行った雇用主の比率は低かった。実施組織の比率は、従業員規模に比例する傾向にあり(250-499人規模で23％、1,000人以上規模で47％)、また公共部門で相対的に高かった(40％)。なお、実施組織には、制度上で義務づけられた計算方法に従っていない場合も含まれる。

男女間賃金格差の算定以外の方法で過去12カ月の間に男女間格差を分析したとする雇用主は58％で、これには、賃金階層ごとの男女比率(41％)、一時金が支払われた従業員の比率(31％)、一時金の平均支給額の差(24％)などが含まれる。1,000人超規模の組織や、男女間賃金格差の算定を行ったとしている組織では、これらの分析を実施したとする比率が顕著に高かった。

算定結果については、実施組織の66％が組織の役員層に、また62％が経営層に伝達したとしているほか、38％が人事慣行の見直しに、26％がジェンダー問題の対応策や戦略の策定に用いたと回答している。一方、外部に公表した組織は全体の約1割(11％)に留まった。

男女間賃金格差の問題については、雇用主の24％が課題としての優先度が高いとの認識を示しており、37％が中程度、33％は優先度の低い(あるいは優先する必要のない)問題と回答している。優先度が高いと回答した雇用主は、典型的には道徳的・倫理的な動機(公正さや機会均等の実現への欲求)を理由に挙げており、また20％は賃金格差の公表制度が主な理由であるとしている。一方、優先度が低いと回答した雇用主はしばしば、自らの組織には男女間の(大幅な)賃金格差は存在しないと考えていることを理由に挙げている。ただし、かなりの割合の雇用主が、すべての労働者は性別によらず仕事に応じて平等に賃金が支払われており、このため自社には当てはまらないと考えていると回答しており、ここでも賃金格差と均等賃金が混同されている状況が窺える。

---

[51] ただし、前者には計算方法の詳細、あるいは正しい計算方法について回答できなかった層を含む。

インタビュー調査では、男女間賃金格差は雇用主にとってしばしば、これまで考慮されてこなかった「新しい」課題であり、このため幾分受け身の意識がみられる、と報告書は指摘している。多くの雇用主が、まず賃金格差に関する算定やその分析を行ってから、対応の要否や方法について検討すると回答しており、これを反映して、過半数の雇用主は賃金格差の縮小に向けた具体的なプランを作っていない。50％の雇用主は対応の意向を示しているが、20％は具体的な対応をするつもりはないと回答としている。また、21％は正式なプランを作成したとしている（1,000人超規模では34％）が、実施したとの回答は6％に留まる。典型的には、男女間賃金格差への対応のために作成されたプランより、広く男女平等のための戦略（賃金格差は意識されていない）として、あるいは各種の個別の問題への対応策（従業員の定着率の向上、より多くの女性応募者の獲得など）として作成されたものが多くを占める。

典型的な施策には、フレキシブルワーク[52]の提供・推進（71％）、両親休暇（parental leave）ポリシーの推進を通じた男女間の育児の分担の奨励（65％）など。また51％が組織文化の転換を試みているほか、39％が自発的な目標の設定、35％が女性専用の採用・昇進・メンター制度の導入などを施策として挙げている。

賃金格差の縮小に向けたプランを公表（ウェブサイト、年次報告等において）または公表を検討しているとの回答は33％に留まり、公表には消極的な傾向がみられた。賃金格差の縮小の障壁として挙げられたのは、女性の採用・昇進の難しさ（14％）、大半が男性である業種の特性（10％）、女性の職務（職務への応募）が男性とは異なること（5％）、など。とりわけ建設業や製造業、金融業などでこうした問題が顕著にみられた。

（2）男女間賃金格差の縮小に向けたガイダンス

Government Equalities Office は、男女間賃金格差の縮小のために雇用主が採り得る手法について、ガイダンス[53]を提供している。

（効果的な施策）
・採用にあたって候補者を絞り込む際に、女性候補者が2人以上含まれるようにする。
・面談のみによらず、応募した職務を遂行する能力があるかを実技によって評価する（タスクを標準化、スコアによる比較で公正さを維持）。
・採用・昇進に際して、構造化されたインタビューを利用する（構造化されていない面談は不公正な評価が判断に影響する可能性がある）。すべての候補者に、同じ順序で同じ質問を行い、あらかじめ定められた評価基準に基づいて返答を段階評価する。

---

[52] 短時間勤務やフレックス勤務、あるいは在宅労働など、時間や場所に関する柔軟性を認める諸制度。理由を問わず、そうした働き方を申請する法的権利が労働者に認められており、雇用主はこれを真摯に検討する（consider in a reasonable manner）ことが義務づけられている。
[53] Government Equalities Office (2018) "Reducing the gender pay gap and improving gender equality in organisations: Evidence-based actions for employers".

- 給与額の交渉に際して等級レンジを開示する。女性が男性に比して給与額の交渉に消極的である理由の一部は、妥当とみなされうる（職務に対して提示されうる）給与額の範囲を知らないことによる。雇用主が職務に対応した給与額の範囲を明示することによって、女性が交渉をしやすくなる。加えて、給与額が交渉可能な職務かどうかを明示する。
- 昇進・給与・褒賞のプロセスを透明化する。意思決定のプロセス、ポリシー、基準を公開することで、何が考慮されるかが従業員に明らかになるとともに、管理者が客観的かつエビデンスに基づいた判断の必要性を認識する（検証される可能性があるため）。
- ダイバーシティ管理者・作業部会を設置し、組織内の採用や昇進などの人材管理のプロセスを監視する。採用・昇進に関して判断を行う者による偏見に基づく判断を減らすことができる（検証される可能性があるため）。管理者は、組織内で上級・役員としての役割を与えられ、内部データを参照でき、行われた判断に関して必要に応じて追加の情報を求めることができ、ダイバーシティ戦略・ポリシーを推進する権限を与えられるべき。

（効果が期待できる施策）
- 全ての求人でフレキシブルワーク（パートタイム労働、テレワーク、ジョブシェアリング、圧縮労働時間）を可能にする、可能であれば柔軟な働き方を認める、シニアリーダーに手本として、またその支持者となるよう柔軟な働き方を奨励、また男性に柔軟な働き方を奨励して女性のみの利益ではないことを示す。
- 共有両親休暇の取得を奨励、育児負担を分担することで、子供を持った後の女性と男性の間の給与格差が劇的に拡大することを防止する。同制度により、50週分の育児休暇と、37週分の産休手当の共有が可能。法定基準を上回る産休手当を支給している場合は、共有両親手当も同等の額を支給する。共有両親休暇の奨励には、父親に対して共有両親休暇の取得は法的な権利であることを示す、将来子供を持つ可能性のある従業員にガイダンスや支援を行う、過去に共有両親休暇を取得したシニアリーダーの事例について情報提供する。
- 家族の看護などを理由にいったん離職した後、仕事をしていないか自身のスキルを下回る仕事に就いている復職層（returners）を採用する。
- メンタリング（ガイダンス、助言を提供）、スポンサーシップ（昇進、認知を支援）の提供が有効な場合がある。
- 社員間で情報やキャリアに関する助言の交換を可能にするネットワークプログラムの制度が有効な可能性がある。
- 内部的な目標を設定、その明確化をはかる（いつまでに、何を達成するか、を明示）。

ガイダンスはこのほか、効果があいまいな手法として、無意識の偏見やダイバーシティ、リーダーシップなどの研修のほか、業績の自己評価制度を挙げている。

[参考資料]

内藤忍 (2009)「イギリスの行為準則(Code of Practice)に関する一考察―当事者の自律的取組みを促す機能に注目して」JILPT ディスカッション・ペーパーNo.09-05

労働政策研究・研修機構(2012)『諸外国における職務評価を通じた均等賃金促進の取り組みに関する調査』

Davies, M. (2011) "Women on boards"

Davies, M. (2015) "Women on boards: 5 year summary"

Department for Education (2017) "Employers' understanding of the gender pay gap and actions to tackle it" James Murray, Paul Rieger & Hannah Gorry

Discrimination Law Review (2007) "Discrimination Law Review - A Framework for Fairness: Proposals for a Single Equality Bill for Great Britain - consultation paper"

Equal Pay Task Force (2001) "Just Pay"

Equality and Human Rights Commission (2017) "The Gender Pay Gap"

Equality and Human Rights Commission (2017) "Closing the gap:Equality and Human Rights Commission Enforcing the gender pay gap regulations"

Fagan, Colette (2009) 'Working Time in the UK – Developments and Debates', "Working Time – in search of New Research Territories beyond Flexibility Debates: Proceedings of an international conferences", Japanese Institute for Labour Policy and Training

Government Equalities Office (2014) "Think, Act, Report - mending the gap"

Government Equalities Office (2018) "Reducing the gender pay gap and improving gender equality in organisations: Evidence-based actions for employers"

Government Equalities Office and ACAS (2017) "Managing Gender Pay Reporting"

Hampton, P. and H. Alexander (2016) "Hampton-Alexander review: FTSE women leaders - initial report"

Hampton, P. and H. Alexander (2017) "Hampton-Alexander Review: FTSE Women Leaders - Improving gender balance in FTSE leadership: 2017 review"

House of Commons Business, Energy and Industrial Strategy (2018) "Gender Pay Gap Reporting"

House of Commons Library (2018) "The Gender Pay Gap

Kingsmill, D. (2001) "Review of Women's Employment and Pay" Women and Equality Unit

Roantree, B. and K. Vira (2018) "The rise and rise of women's employment in the UK" Institute for Fiscal Studies

Women and Work Commission (2006) "Shaping a Fairer Future"

第4章 カナダ

第1節 男女均等にかかる行政の諸政策

　2017年の調査によれば、カナダで女性の活躍を促す効果は、2026年までに1,500億ドル、もしくは0.6%、GDPを押し上げる可能性があると試算されている[1]。2018年2月27日にカナダ政府が議会に提出した予算案は、職場におけるジェンダー平等がカナダの経済成長の鍵になると位置づけている。賃金におけるジェンダー・ギャップの解消が重要な取り組みのひとつである[2]。近年、様々な取り組みが州・連邦レベルで行われているが、未だ劇的な効果を生んでいるものはない。カナダの職場のジェンダー平等に対する取り組みは、早急な改善が求められているにもかかわらず、過去20年間停滞しているのが現状である[3]。

　ところで、連邦国家であるカナダでは、外交、国防や、市民権などカナダ全体にかかることについては連邦政府の管轄となるが、雇用や人権問題などは、一部の連邦管轄にかかる業種（銀行業や運送業等）を除き、州政府の管轄となる。

　そのため、男女均等にかかる情報公表や男女賃金格差の是正などについても、一般的に各州・準州の法律が適用される。本稿では、まず、カナダ最大の人口を抱え、商業の中心であるトロントが属するオンタリオ州の規制を取り上げ、次に連邦政府の動きについて補足的に述べることとする。

1．企業に対する公表制度・義務化の状況
（1）取締役等における女性の割合に関する公表制度
（ア）オンタリオ州

　企業における男女平等に関する情報開示について、各国証券取引委員会は様々な試みをしているが、2014年、上場企業の規制権限を持つオンタリオ州証券委員会（OSC）では、カナダの他の州に先駆けて「コンプライ・オア・エクスプレイン」（遵守せよ、さもなくば説明せよ）というアプローチをとることに決めた。「コンプライ・オア・エクスプレイン」とはコーポレート・ガバナンスではよく知られている用語だが、政府が強制するよりも企業の自主的な取り組みに任せ、評価は市場に任せるというやり方である。具体的には、トロント証券取引所の上場企業に対し、女性取締役と女性役員を増やすため、「取締役における女性の割合」や方針やターゲットの策定等、一定の項目を毎年開示する

---

[1] McKinsey Global Institute, June 2017, "The Power of Parity: Advancing Women's Equality in Canada" p.7.
https://www.mckinsey.com/featured-insights/gender-equality/the-power-of-parity-advancing-womens-equality-in-canada.

[2] Minister of Finance, "Equality Growth: A Strong Middle Class" February 27, 2018
https://www.budget.gc.ca/2018/docs/plan/toc-tdm-en.html.

[3] McKinsey Global Institute, June 2017, "The Power of Parity: Advancing Women's Equality in Canada" p.7.
https://www.mckinsey.com/featured-insights/gender-equality/the-power-of-parity-advancing-womens-equality-in-canada p.7.

よう求め、その項目が実施されていない場合には、なぜ実施していないのか説明を求めるものである[4]。

カナダ証券管理局（CSA）は2017年10月に、女性取締役の割合に対する企業の取り組みに関する報告書を発表した[5]。報告によれば、トロント証券取引所に上場している660社[6]のうち、2015年には取締役に1人以上女性がいる企業の割合は49%だったが、2017年には61%になった。100億カナダドル以上の時価総額を持つ企業の取締役における女性の割合は、21%から24%に増え、取締役の欠員があった場合、女性が埋めたケースが26%に上ったこと等が明らかになっている。

図表4-1　取締役等における女性の割合

取締役における女性の割合	2015年	2016年	2017年
取締役総数に占める女性	11%	12%	14%
取締役に少なくとも1人は女性がいる企業	49%	55%	61%
取締役に3人以上女性がいる企業	8%	10%	11%
10億ドル以上の時価総額を持つ企業の取締役における女性	16%	18%	20%
100億ドル以上の時価総額を持つ企業の取締役における女性	21%	23%	24%
女性によって取締役の欠員が埋められた割合	（報告項目に含めず）		26%
役員に占める女性の割合	2015年	2016年	2017年
役員に少なくとも1人は女性がいる企業	60%	59%	62%
方針	2015年	2016年	2017年
女性取締役の割合について方針を定めている企業	15%	21%	35%
ターゲット	2015年	2016年	2017年
女性取締役の割合についてターゲットを定めている企業	7%	9%	11%
女性役員の割合についてターゲットを定めている企業	2%	2%	3%
指名及び任命プロセス	2015年	2016年	2017年
管理職（ディレクター）の指名・選考プロセスで女性の割合を考慮した企業	60%	66%	65%
役員の任命で女性の割合を考慮した企業	53%	58%	58%
任期制限	2015年	2016年	2017年
管理職（ディレクター）に任期制限を採用した企業	19%	20%	21%

出所: カナダ証券管理局（CSA）

図表4-1が示すように、先進的な取り組みが取られているにもかかわらず、女性の割合はなかなか進展しない状況が続いており、より強い規制を求める声もあがっている。

オンタリオ州政府ではこの報告書を受け、更なる女性の取締役の割合を増加させるための実行計画を策定した[7]。州政府機関における女性の割合を2019年までに40%にする、ジェンダーに関

---

[4] National Instrument 58-101 Disclosure of Corporate Governance Practices (NI 58-101) (the WB/EP Rules) http://www.osc.gov.on.ca/documents/en/Securities-Category5/csa_20141014_58-101_noa-national-instrument.pdf.
[5] Canadian Securities Administrators, "CSA Multilateral Staff Notice 58-309 Staff Review of Women on Boards and in Executive Officer Positions – Compliance with NI 58-101 Disclosure of Corporate Governance Practices", Oct 5, 2017 http://www.osc.gov.on.ca/en/SecuritiesLaw_sn_20171005_58-309_staff-review-women-on-boards.htm.
[6] 報告書によれば、2015年は722社、2016年は677社、2017年は660社が対象。
[7] Get on Board: Ontario's implementation plan to promote women in corporate leadership https://www.ontario.ca/page/get-board-ontarios-implementation-plan-promote-women-corporate-leadership#ref-3.

するデータの透明化を強化する、企業における女性取締役の割合を30％に増やすというターゲットを達成するためにオンタリオ州証券委員会と協力していくこと等を盛り込んでいる。

しかし2018年6月の選挙により、オンタリオ州政権が代わったため、この計画の実行性は不透明な状況である。

(イ)連邦政府

連邦レベルでは、「カナダ事業法人法」(Canada Business Corporations Act)が2018年5月、改正され、公的企業に対し、ダイバーシティに関する方針やターゲット、さらに取締役や役員における「指定されたグループ」(designated groups)に関する統計を毎年公表するように求めている。この「指定されたグループ」とは連邦雇用均等法の規定と同様、女性に限らず、先住民、障害者、ヴィジブル・マイノリティ[8]を含み、トロント証券取引所上場企業に対する規制よりも幅広い対象を含んでいるのが特徴である。義務づけの程度については、トロント証券取引所と同様に「コンプライ・オア・エクスプレイン」モデルを取り、方針の策定やターゲットの設定を義務づけるのではなく、あくまでも説明義務を求めるだけにとどまっている[9]。

(2)賃金公表制度
(ア)オンタリオ州

2018年4月に、オンタリオ州では、「賃金公表法」(Pay Transparency Act)[10]が制定された。カナダでは連邦・州レベルを通して初めての賃金公表法である本法律は、男女の賃金格差を是正するために導入されるもので、以下の措置が盛り込まれている。

1. 公募する際に必ず給与または給与の幅を提示すること。
2. 雇用主が求職者に対し、過去に得た報酬額を問うことを禁止すること。
3. 報酬額を議論または開示した従業員に対する(企業からの)報復を禁止すること。
4. 大企業に対し、ジェンダーやその他の多様性の性質(今後行われる協議により決定)に合わせた報酬額の差について追跡・報告を義務づける枠組みを設置すること。完全に履行されれば、雇用主は州政府への報告義務に付け加え、職場においてもデータを公示する義務を負うこととなる。

---

[8] ヴィジブル・マイノリティ「カナダでは、非白人という意味で、ヴィジブル・マイノリティが用いられる。ヴィジブル・マイノリティは雇用均等法で「先住民族を除く、非白人系人種または肌の色が白くない人々(persons, other than Aboriginal people, who are non-Caucasian in race or non-white in colour)」と定義され、黒人やフィリピン系、日系、ラテン・アメリカ系、アラブ系などを指す。非白人系の人口は、2006年には530万人であったが、2031年には1,440万人にまで達すると見られている。また、2010年3月にカナダ統計局が発表したデータによると、非白人系が占める割合が2031年には、トロント市で63％、ヴァンクーヴァー市で59％に達すると予測されている。」下村雄紀、2014.9.19, 日本カナダ学会ホームページ http://jacs.jp/dictionary/dictionary-a/09/19/491/ 。
[9] Tracey Kernahan & Katherine Prusinklewicz. "Canada Business Corporations Act has been amended" May 2018.
http://www.nortonrosefulbright.com/knowledge/publications/167460/icanada-business-corporations-acti-has-been-amended.
[10] Transparency Act http://www.ontla.on.ca/bills/bills-files/41_Parliament/Session3/b003ra_e.pdf.

本法律は、まずオンタリオ州の公共セクターに適用される。協議を経て新たなルールが決められた後、翌年からはオンタリオ州の 250 人以上の従業員を抱える企業、その次の年からは 100 人以上の従業員の企業と、段階を踏んで施行範囲が拡大される予定である[11]。

　当初の案では、500 人以上の企業となっていたものが最終的には 100 人以上の企業に透明性（transparency）レポートを義務づけることになった。また、当初は、一部の業種に例外を設ける規定もあったが、結局、例外なしに全ての業種が対象となることとなった。

　本来ならば 2019 年 1 月 1 日から施行される予定だった賃金公表法は、2018 年 6 月の選挙により、オンタリオ政権が新政権に代わったため、2018 年秋に期限を設けず延期が発表されたまま、残念ながら施行の目途がたっていない。

(イ) 連邦政府

　賃金透明化については、連邦レベルでは、既存の「雇用平等法」(Employment Equity Act)の下、連邦管轄にある雇用者が届け出る賃金に関する情報を、オンラインなどでもっとアクセスしやすくし、既存の賃金格差をより明らかにすることを計画している。賃金の透明化に関し、連邦政府は、5 年間に 300 億ドルを拠出する予定である[12]。

2. 男女平等にかかるその他の取り組み

(1) オンタリオ州

　オンタリオ州では、女性が平等に働く際の障壁を取り除くことを目的として 2018 年から 3 カ年計画で進める「女性の経済的エンパワーメント戦略」("Then Now Next: Ontario's Strategy for Women's Economic Empowerment")を策定した[13]。前述した賃金公表法は本戦略の中核となる。この戦略は既にオンタリオ州で実施されている様々な施策の上に作られている。その施策には、最低賃金を 2019 年に 15 ドルまで引き上げること、家庭内あるいは性的暴力の被害者に有給 5 日を含めた最長で 17 週の休暇を認めること、オンタリオ州のジェンダーに基づく暴力に対する戦略への 2 億 4,200 万ドルの投資及びチャイルド・ケアのための 10 万スペースの増設などが盛り込まれている。

(2) 連邦政府

　冒頭に示した予算案で、カナダ政府は連邦法の枠組みで、賃金衡平法を導入することを打ち出している。この法律は、オンタリオ州とケベック州の法律を参考にし、さらに画期的なアプローチとし

---

[11] オンタリオ州労働省　https://news.ontario.ca/mol/en/2018/04/ontario-first-province-to-pass-pay-transparency-legislation.html 。

[12] Minister of Finance, "Equality Growth: A Strong Middle Class" February 27, 2018 https://www.budget.gc.ca/2018/docs/plan/toc-tdm-en.html p.44.

[13] https://www.ontario.ca/page/then-now-next-ontarios-strategy-womens-economic-empowerment?_ga=2.215718743.1937399901.1524504271-493960781.1486140320.

て同一価値労働同一賃金を実現しようとしている。これにより、行政では 2.7%、連邦管轄の私企業では 2.6%のジェンダー格差が減少されるとの試算が出ている[14]。

具体的には、以下の項目が検討されている。
- 10 人以上の従業員を抱える連邦雇用主に対する既存の連邦規則の中に賃金衡平義務を付け加える。
- 100 人以下の従業員を抱える雇用主に、賃金衡平のための合理的プロセスを設ける。
- 実施期限を設け、維持管理のための査定を義務化する。
- 季節採用、短期採用、パートタイム、フルタイム別等、採用別に分ける。
- 独立的監督を提供する。
- 賃金及び他の福利厚生がジェンダーに中立に評価されるよう確認する。
- 1 億ドル以上の契約については、連邦請負業者プログラムにおいて、連邦雇用均等法が適用されるよう確認する。
- 賃金衡平の目標と相反する公的部門における公平な補償法(Public Sector Equitable Compensation Act)等の既存の法律を廃止する

(3)政府以外の組織による取り組み

グローバル・コンパクト・カナダでは、2018 年よりカナダ政府からの資金で「カナダ企業におけるジェンダー平等リーダーシップ」(Gender Equality Leadership in the Canadian Private Sector)という 3 カ年のプロジェクトを始動。これにより企業でジェンダー平等を進めるためのツール作り及び認証方法などを開発することになっている[15]。

2015 年には、カナダに新たな「The 30% Club」という、英国で始まったイニシアチブの支部ができ、企業の取締役会におけるジェンダー多様性を誓約することを促す活動を始めた。そのほか、取締役の候補者リストを独自に策定し、企業に提供している団体も複数あり、政府の取り組みを補完している[16]。

第2節 企業における女性活躍・雇用均等の実態
1. 企業における女性労働者の現状

2015 年にカナダにおける女性の就労人口は、25 歳から 54 歳までの主要な労働年齢の 82.0%(600 万人)に及ぶ。1950 年には 21.6%(56 万 3,000 人)、1983 年には 65.2%(330 万人)だった就労人口が、確実に増えていることがわかる。

---

[14] Minister of Finance, "Equality Growth: A Strong Middle Class" February 27, 2018 https://www.budget.gc.ca/2018/docs/plan/toc-tdm-en.html p.43.
[15] https://www.globalcompact.ca/genderequalityca/.
[16] PROGRESS HIGHLIGHTS: Increase the Representation of Women on Canadian Boards, カナダ女性の地位庁, June 2014. https://www.swc-cfc.gc.ca/initiatives/wldp/wb-ca/index-en.html.

トロント証券取引所の上場企業における取締役や役員の女性の割合については、前述した通りであるが、女性の就労人口と企業の管理職、役員や取締役の女性の割合には、依然、大きな乖離がある。マッキンゼー・アンド・カンパニーの調査によれば、カナダに本社を置く会社において全従業員に占める女性の割合は、エントリー・レベルでは 45％だったものが、マネージャー・レベルでは39％、ディレクター・レベルでは 35％、副社長レベルのシニア・リーダー及び代表に直接報告義務を負うレベルで 25％、代表レベルでは 15％と、上のレベルにいくに連れ、如実に下がっていくという結果が出ている（図表 4-2）[17]。いわゆる「水漏れするパイプライン」問題[18]である。特に、顕著なのは、ディレクターから副社長へ昇進する際においてであるが、男性は女性の 3 倍昇進することが明らかになっている。その理由としては、女性の意欲の問題ではなく、昇進の機会の欠如及び上司のサポートの欠如が指摘されている。

図表 4-2　職位別の男女比率：「水漏れするパイプライン」問題

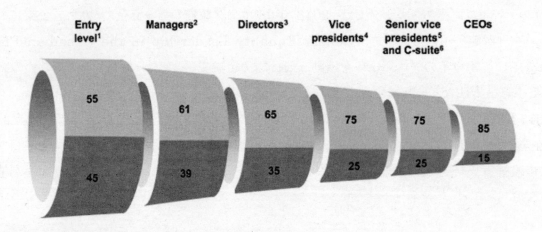

出所：マッキンゼー・アンド・カンパニー

---

[17] McKinsey Global Institute, June 2017, "The Power of Parity: Advancing Women's Equality in Canada" p.7　https://www.mckinsey.com/featured-insights/gender-equality/the-power-of-parity-advancing-womens-equality-in-canada.

[18] 「水漏れするパイプライン」パイプラインが水漏れしていると、先に進むにつれて水量が減るのと同じように、高い地位に進むほど女性の割合が小さくなっていくこと。イリス・ボネット「Work Design —行動経済学でジェンダー格差を克服する」NTT 出版株式会社。2018 年 p.106。

賃金の男女格差も依然として大きな課題である。フルタイムの労働者で比べた場合、女性は男性が1ドル稼ぐ際に88セントしか稼いでいない。これはOECD29カ国中15位という数字である。年収の中間値をみても、女性が28,120ドルであるのに対し男性は40,890ドルと、隔たりは大きい[19]。

家事・育児などの家庭的責任においては、女性に大きな負担がかかっており、それが女性の働き方に影響を及ぼしている。カナダ統計局の調査によれば女性労働者のうち18.9%がパートタイムで働いており（2015年で男性は5.5%）、パートタイム労働者の約4分の3（75.8%）が女性で占められることになる。女性は家事・育児のために自ら選んでパートタイムについている割合が男性よりも多い。パートタイムで働く女性のうち、子どもの世話を理由にする女性が4分の1を占める。男性は3.3%にすぎないのと対照的である[20]。2010年における男女の家事・育児等に費やす時間を比べてみると、女性が育児に費やす時間は週50.1時間であるのに対し、男性は24.4時間と、2倍以上である。また介護に費やす時間についても、週10時間以上費やす人の割合が女性は49%であるのに対し、男性は25%と、やはり女性は2倍近くの時間を介護に費やしている。家事については女性が週13.8時間であるのに対し、男性は8.3時間であり、他と比べ差は少ないものの、女性は週5時間以上、男性よりも家事に時間を費やしていることが明らかになっている[21]。

2．企業における取り組みの課題と実績状況

Canadian Business誌では、職場におけるジェンダー平等を達成する際には、リーダーシップの役割における女性の数を増やすことと、職場文化におけるジェンダーに対する偏見と差別的態度を解消することという2つの異なる目標が掲げられるとし、実際に効果的な取り組みかどうかを検証している。それによれば、90年代初頭から実践されてきた多様性の研修（ダイバーシティ・トレーニング）は、やり方によっては理解ではなく敵意を引き出すこともあるとして賛否両論があるとする。この記事で効果があると推奨されているのは、従業員によるジェンダーや人種、性的指向、年齢別によるリソース・グループの形成である。「リソース・グループ」とは、従業員同士によるサポート・グループであり、企業のマネジメント側から認知されている場合も多い。リソース・グループでは、従業員にとっては、ネットワーキング、メンターの発見、雇用側にとっては、優秀なリーダーの発掘、差別を受けやすいグループのエンパワーメント、顧客の理解、ステークホルダーとのよりよい関係づくりにつながるという利点が挙げられている[22]。

---

[19] Minister of Finance, "Equality Growth: A Strong Middle Class" February 27, 2018 https://www.budget.gc.ca/2018/docs/plan/toc-tdm-en.html p.42.
[20] Melissa Moyser, Women and Paid Work, カナダ産業省、2017年。
[21] カナダ女性の地位庁　https://www.swc-cfc.gc.ca/commemoration/iwd-jif/equality-egalite-en.html。
[22] Martin Fabro and Chris MacDonald, "These are the workplace gender equity tactics that actually work: Leaders have many ways to advance women in their workforce, but choosing the right strategy can be difficult. Here are the best practices," Canadian Business, April 17, 2018 https://www.canadianbusiness.com/blogs-and-comment/these-are-the-workplace-gender-equity-tactics-that-actually-work/.

多くの企業で実施されている「メンター制度」もあげられているが、メンター制度は実は、男女で差があり、必ずしも女性の登用に役立っているとは言えない。企業の女性の進出をサポートする活動をしている国際的な NPO「Catalyst Canada」の事務局長によれば、女性は、よりメンター制度を受けやすいものの、登用を後押しするスポンサー制度を受けにくい。男性と女性のメンター制度を比べると、男性のメンター制度は、よりスポンサー制度に移行しやすいという[23]。イリス・ボネットの著書では、調査によると、メンター制度では、女性社員のメンターは、概して男性社員のメンターよりも社内の地位が低く、影響力も弱いだけでなく、果たす役割も、コーチングとアドバイスをするだけの場合が多い。これに対し、男性社員のメンターは、より積極的な役割を果たし、自分がメンターをしている男性社員の利益を代弁し、出世を強く後押しする、メンタリングを超えた、スポンサー的な役割を果たすことが多いという結果が報告されている[24]。女性の登用を後押しするには単なるメンター制度では足りず、「スポンサー制度」が必要だということではないだろうか。

女性に対するスポンサー制度の実際の例としては、カナダ5大銀行のひとつ Scotiabank の取り組みが上げられる。

Scotiabank では、全従業員に占める女性従業員の割合は59.2%、これに対し、シニア・マネジメントでは38%、また、取締役レベルでは33%が女性である。より多くの女性行員をシニア・ポジションに就けるため、Scotiabank としては、複数の、補完的な取り組みを実行しているという[25]。

Scotiabank が5年前から実施しているスポンサーシップでは、高い可能性を持った女性を管理職で影響力を持つ女性と組ませ、ネットワークや関係性の作り方、お互いの長所・短所などについて、キャリアを伸ばすように働きかける。スポンサーである管理職も、コーチングのスキルを高め、多様な人材とやり取りをするようになるという利点があるという[26]。

このように企業で女性の登用に関しては、様々な取り組みが進みつつある。しかし、管理職レベルは試行錯誤を繰り返しており、賃金の男女格差の解消にはまだつながっていないことが課題となっている。

英国の Equality Act の下、公表が義務づけられている男女の賃金格差に関する本年度の報告で、Scotiabank を含むカナダ企業の男女の賃金格差が問題視された。カナダロイヤル銀行、Scotiabank、トロントドミニオン銀行では、女性の時間給が男性よりも35〜44%低く、ボーナスに至っては64〜72%も低いと報告された。カナダロイヤル銀行は、報酬が高いとされる資産管理運用業、証券取引業の管理職に女性が少ないからだと説明しているという[27]。

---

[23] Diane Jermyn, "One way to boost Canada's GDP: true gender equality," The Globe and Mail, November 1, 2017 https://www.theglobeandmail.com/report-on-business/one-way-to-boost-canadas-gdp-true-gender-equality/article36800863/.
[24] イリス・ボネット、同上p.108。
[25] Scotiabank, Corporate Social Responsibility Report 2017 https://www.scotiabank.com/corp/downloads/Scotiabank_CSR_Report_2017_ENG.pdf p.24.
[26] http://www.womenofinfluence.ca/2018/01/30/building-a-better-ladder-how-scotiabank-fosters-female-talent-through-sponsorship/#.W4vPstgzYfP.
[27] Ross Marowits, "U.K. pay disclosure report shows Canadian Companies have work to do to reduce gender pay gap," April 9, 2018, Toronto Star Newspapers Limited.

英国で事業を行うカナダ企業の中では、ボンバルディア社の成績がよく、時間給では 2.8%しか格差がなく、ボーナスに至っては女性が 14%高くもらっていたことも明らかになった。

ボンバルディア社は、伝統的に女性の進出が遅れているといわれている、航空機などの重工業分野を主とする企業である。ボンバルディア社は、自社の「タレントプール」（人材データベース）に女性を積極的に採用し、2010 年までに女性の割合を 30％まで上げた。同年、女性のリーダーシップ・フォーラムを開催し、管理職における女性の割合を、次の年までに 16%から 25%に増やすという目標を立てた。また同社は、女性リーダーが率先して大学や高校で行われるキャリア・フェアに参加、女性を積極的にリクルートして回っている。同社は女性に限らず様々なバックグランドを持つ人材を積極的に採用し、毎月、その査定を行っているという。また社内においても、管理職に文化的偏見に対する理解を促すための研修を行っているという[28]。

おわりに

以上見た通り、カナダは連邦国家であるため、雇用や人権問題などは、一部の連邦管轄にかかる業種（銀行業や運送業等）を除き、州政府の管轄となる。そのため、男女均等にかかる情報公表や男女賃金格差の是正などについても一般的に各州・準州の法律が適用される。本稿ではカナダで最も規制が進んでおり、かつ最多の企業を抱えるオンタリオ州の取り組みを中心に論じてきた。男女均等にかかる取り組みについては、概してオンタリオ州など州レベルで取り組みが始まり、後に連邦レベルに導入されることが多い。

オンタリオ州では、トロント証券取引所の上場企業に対し、女性取締役と女性役員を増やすため、「コンプライ・オア・エクスプレイン」アプローチを取っている。取締役等における女性の割合や方針やターゲットの策定等、一定の項目を毎年開示するよう求め、その項目が実施されていない場合には、なぜ実施していないのか説明を求めるものである。実施後 3 年経ち、ある程度企業の取り組みは進んでいるものの、変化は遅く、より強い規制を求める声が出ている。連邦政府も同様のアプローチをとることが決まったが、女性に限らず、より多様なグループを対象としているのが特徴である。

賃金格差についても公表化が進み、2018 年 4 月に、オンタリオ州で、カナダでは連邦・州レベルを通して初めての賃金公表法が制定された。対象企業は、公募の際に給与または給与の幅を提示することなどが義務づけられており、この法律により男女の賃金格差が是正されることが期待されている。連邦政府でも、賃金の透明化に関する取り組みが始まろうとしているところである。しかし、オンタリオ政権の交代により、賃金公表法の施行の目途がたたず、賃金格差是正に向けた動きは、早くも暗礁に乗り上げている。

---

　https://www.thestar.com/business/2018/04/09/uk-pay-disclosure-report-shows-canadian-companies-have-work-to-do-to-reduce-gender-pay-gap.html.

[28] Ryan Johnson, "Bombardier: Giving women wings" February 20, 2011, The Globe and Mail https://www.theglobeandmail.com/report-on-business/careers/top-employers/bombardier-giving-women-wings/article567311/.

男女平等が進んでいるイメージのあるカナダではあるが、女性取締役の割合や男女賃金格差を見る限り、まだ道は半ばであるといえよう。

巻末参考資料：アイスランドにおける男女同一賃金認証にかかる新法の概要

〔男女同一賃金認証に関する新法の概要〕

アイスランドでは、2018年1月1日から男女同一賃金認証に関する新法が施行された。

同法に基づき、年ベースで25人以上の労働者を雇用している企業や組織は、男女同一賃金システムとその実施について男女同一賃金認証の取得が義務づけられた。この認証の目的は、性別を理由とする差別的慣行を禁じ、同一雇用主の下で同一労働や同一価値の労働に従事する男女には、同じ賃金が支払われ、同じ雇用条件が適用されることを義務づける現行法の執行（履行確保）である。アイスランド政府による新法の概要[1]を以下の通り紹介する。

▼主なポイント

- アイスランドは、労働者25人以上の企業に対して性別にかかわらず同一価値の労働に同一賃金を支払っていることを証明するためにマネジメント規格の要求事項に基づく認証を取得することを義務づける世界初の国となった。認証は、労働者25人以上の企業に対し、同じ職務レベルに同一賃金を支払うだけでなく、同一価値の労働にも同一賃金を支払うことを義務づけている。認証は、認証の要求事項が準拠する男女同一賃金規格に基づき企業の賃金方針、同一価値を基準とする職務分類、分類に基づく賃金分析を評価し、賃金決定に関連した方針とプロセスを正式に認めることにより実施される。

- この規格の要求事項に適合した男女同一賃金マネジメントシステムを導入するのに要する時間を考慮して、職場の認証取得には猶予期間が適用される。猶予期間の適用に関し、職場の規模に応じて異なる取得期間が認められている。

- アイスランドは2022年という達成期限目標を掲げて男女格差根絶の先頭に立っている。成就すれば、世界で初めて男女格差根絶を達成する国になる。

- アイスランドの男女同一賃金規格ÍST 85は、国際的なISO規格に則って開発された初めての規格であるため、世界中で翻訳し適用することができる。

- 認定を受けた審査員が実施する審査に基づいて認証を取得した職場には、男女平等センターから認証の取得を認める男女同一賃金シンボルを使用する権利が付与される。

- 職場が男女同一賃金認証を取得していない場合や、期限までに更新していない場合には、社会的パートナー（労使）団体がその旨を男女平等センターに通報することができる。センターはその職場に対し、一定の期限までに状況を是正することを正式に求めることができる。是正措置には、情報提供と資料の公開、その職場が男女同一賃金規格の要求事項を満たすための方法に関する行動予定計画の策定などがある。男女平等センターには、この指示に従わなかった職場に対して日割罰金を科す権限がある。

---

[1] 主にアイスランド政府のサイト（https://www.government.is/topics/human-rights-and-equality/equal-pay-certification/）を参考にした。

諸外国における女性活躍・雇用均等にかかる情報公表等について

序章 巻末資料（アイスランド 男女同一賃金認証に関する法令）＜仮訳＞

規格 ÍST 85 に基づく企業・機関の男女同一賃金システムの認証に関する
2017 年 11 月 13 日の規則第 1030 号[2]

第 1 条 「適用範囲」

　本規則は、規格 ÍST 85「男女同一賃金マネジメントシステム要求事項・指針」に基づく企業・機関の男女同一賃金システムの認証に適用される。

第 2 条 「目的」

　本規則の目的は、企業・機関の男女同一賃金マネジメントシステムが、規格 ÍST 85 の要求事項並びに認証及び規格 ÍST EN ISO 17021-1:2015「適合性評価－マネジメントシステムの審査及び認証を行う機関に対する要求事項-第 1 部：要求事項」にリストが掲載されている認証機関に適用される国際的要求事項に従い認証されることである。

第 3 条 「定義」

　本規則において、次の用語は各号に定める定義に従い用いられる。

　　a.「認証」：企業・機関の男女同一賃金システムを審査した認証機関が交付する、当該企業・機関の男女同一賃金システム及びその実施が規格 ÍST 85 の要求事項（規格 ÍST 85 第 1 条第 c 号参照）に適合していることを明記した、認証証明書を備えた書面による表明。
　　b.「認証機関」：認証を行うための認定を受けている、認定（第 4 条及び第 5 条参照）を実施する機関。
　　c.「審査員」：審査を実施する資格を有する個人。
　　d.「認定」：認証機関が、男女同一賃金規格 ÍST 85 に基づく企業・機関の男女同一賃金マネジメントシステムの認証を実施するために規格 ÍST EN ISO 17021-1:2015 の要求事項及び本規則の要求事項に適合しているという確認。

第 4 条 「認証機関の認定」

　認証機関はアイスランド特許庁の認定部門又は欧州経済領域の同等の機関から認定を受けるものとする。

第 5 条 「規格 ÍST 85 に基づく認証」

　本規則に基づき認証を行う認証機関は、第 4 条に基づく認定を取得しているものとする。認定を取得していることを実証するため、認証機関は、規格 ÍST EN ISO 17021-1:2015 の要求事項に適合し、規格 ÍST 85 及び本規則の要求事項に従い企業・機関の男女同一賃金システムを認証する能力があるとみなされることを証明する認定証を

---

[2] こちらは、仮訳であり、原文との相違がある場合には原文を優先する。参考サイト：アイスランド政府（https://www.government.is/library/04-Legislation/Regulation_CertificatinOfEqualPaySytems_25012018.pdf）．

提示できるものとする。

本条第1項の定めを損なうことなく、規格 ÍST EN ISO 17021-1:2015 の要求事項に従って認定を取得した認証機関は、2019年12月31日まで、規格 ÍST 85 に基づく企業・機関の男女同一賃金システムの審査と認証を行うことができる。福祉省は、2019年12月31日まで、必要に応じて、審査の実施及び作業手続の導入等、認証について認証機関と協議するものとする。

規格 ÍST 85 の導入に関して企業・機関に助言をした認証機関は、その後2年間当該企業・機関の認証に関し、審査を行い、又は特定の立場をとることはできない。当該企業・機関に助言をした認証機関で勤務したことがある者についても、本項第1文に従い同様のことが適用されるものとする。

第6条「男女同一賃金認証に関する講座」

福祉省は、規格 ÍST 85 の要求事項に従った認証にとって重要な男女平等と労働市場の問題の分野で、審査員に役立つ講座の実施を確保するものとする。

講座は3年ごとに、及び必要に応じてこれより頻繁に、実施されるものとする。講座では、職務分類・評価、賃金分析、分類と評価、賃金分析、規格 ÍST 85 の審査・認証に関して大臣が定める認証機関に関する特別基準を含めた、規格 ÍST 85 に基づく男女同一賃金マネジメントシステムに関する要求事項を中心に取り上げるものとする。講座では、労働法、男女平等法及び団体協約も取り上げるものとする。講座終了時には試験が実施され、修了証書が交付されるものとする。審査員は優レベルで試験に合格しなければならない。

第7条「審査、認証、男女同一賃金シンボルの使用及び監視」

認証機関は、企業・機関の男女同一賃金マネジメントシステムの審査を指揮し、実施するものとする。認証機関は、企業・機関の男女同一賃金マネジメントシステムが規格 ÍST 85 の要求事項に適合していることを証明する審査を完了すると、認証について決定を下し、認証を確認する証明書を交付するものとする。

認証機関は、認証証明書の写しを審査結果報告と共に男女平等センターに送付するものとする。

企業・機関は、認証が3年ごとに更新されるように確保するものとする。

男女平等センターは、本条第1項に基づき認証機関が交付した認証証明書に基づき当該の企業又は機関に男女同一賃金シンボルを付与するものとする。男女同一賃金シンボルは認証証明書と同期間有効であるものとする。男女同一賃金シンボルの使用は、大臣が定める規定に従うものとする。この規定は本規則の付随書で公示されるものとする。

認証機関は、審査の結果認証が付与されなかった場合も男女平等センターに通知し、審査結果報告書を提出してその理由を述べるものとする。企業・機関の男女同一賃金システムの審査の結果認証が付与されなかった場合、男女平等センターは、社会的パートナー団体に認証機関の報告書の利用を許可することができる。

男女平等センターは、認証を取得した企業・機関の登録簿を備え、アクセス可能な方法によって同センターのウェブサイト上で公表するものとする。登録簿で公表される情報には、企業・機関の名称、ID番号、住所及び認証の残存有効期間等が含まれるものとする。さらに、男女平等センターは、年ベースの平均被用者数が25人以上の認証未取得の企業・機関の登録簿を備えるものとする。その登録簿は、当該企業・機関が認証機関による男女同一賃金システ

ムの審査を既に申請したか否か、及び認証の取得を目指してこのシステムがどのように適用されるかを明記するものとする。社会的パートナー団体は、この登録簿を利用することができる。

　社会的パートナー団体は、企業・機関が2008年の男女平等法第10号及びその改正並びに本規則の要求事項に適合して認証の取得と更新を行っているかどうかを確認するために監視を実施するものとする。企業・機関は、社会的パートナー団体が監視を実施するために必要と考える情報及び資料をこの団体に提供するものとする。企業・機関が認証の取得若しくは更新をしていない場合、又は必要な状況・資料を提出しない場合、社会的パートナー団体はその旨を男女平等センターに報告することができる。男女平等センターは当該企業・機関に適切な期間内に状況を是正するための十分な対策を講じるように指示することができ、指示を受けた企業・機関がこれに応じない場合には日割罰金が科されるものとする。日割罰金に関する決定は、罰金が科せられる当事者に、書面で明白に告知されるものとする。本規定に従った日割罰金には男女平等法第18条の第6項、第7項、第8項、第9項が適用されるものとする。

　認証機関が実施した審査で、企業・機関の男女同一賃金マネジメントシステムとその適用方法が規格ÍST 85の要求事項に適合しなくなっていることが明らかになった場合、認証機関はその旨を男女平等センターに通報するものとする。その場合、男女平等センターは、男女同一賃金シンボルの使用がかかわる事項を調査するものとし（社会問題平等大臣が定めた男女同一賃金シンボルの使用に関する規定を参照）、その際には、当事者の聴聞を受ける権利に関する規定を含む、行政手続法の規定に従うものとする。

第8条「法における根拠、施行及び旧規則の廃止」
　本規則は、産業革新省と協議の上、男女平等法第19条第11項及び第33条及び両条の改定並びに2006年認定（等）法第24号第4条第1項に基づき公布されるものであり、2008年1月1日に施行されるものとする。同日、規格ÍST 85に基づく企業・機関の男女同一賃金システムの認証に関する2017年の規則第365号は廃止されるものとする。

「福祉省、2017年11月13日」
社会問題平等大臣　Þorsteinn Víglundsson.

　　　　　　　　　　　　　　　　　　　　　　　———————————
　　　　　　　　　　　　　　　　　　　　　　　Ellý Alda Þorsteinsdóttir.

付随書

男女同一賃金シンボルの使用に関する規定

第1条 「目的」

　本規定の目的は、男女同一賃金シンボルの一貫性のある使用を確保し、誤使用を防止することである。

　このシンボルは、品質保証スタンプの役割を果たし、このシンボルを使用する企業・機関のイメージと評判を構築する要素となることを意図している。このシンボルは、企業・機関が、賃金問題への対処と決定から性別を理由とする差別を排除する手続を確立したという確認である。

第2条 「男女同一賃金シンボル」

　男女同一賃金シンボルは、福祉省が所有する登録商標である。シンボルは、円グラフ、スタンプ、ルーン文字及び2人の人の笑顔を表す画像で構成されている。シンボルの形はコインを示唆し、描かれた人物がそれぞれの真の価値で評価されていることを示している。

　色と体裁に関しては、男女同一賃金シンボルスタイルマニュアルのガイドラインを参照している。

第3条 「男女同一賃金シンボルの使用に関する指示」

　男女同一賃金シンボルは、社会福祉大臣の承認を得た規則と指示に従って使用されなければならない。シンボルは、シンボルが軽視されないような方法で使用及び表示されなければならない。

　男女平等センターは、規格ÍST 85に基づく企業・機関の男女同一賃金システムの認証にかかる規則に従い認証機関が交付した認証証明書に基づいて、男女同一賃金シンボルを使用する許可を企業・機関に付与するものとする。

　規格ÍST 85に基づく企業・機関の男女同一賃金システムの認証にかかる規則に基づき認定を取得した認証機関から規格ÍST 85に基づく男女同一賃金システムの認証の取得又は更新を受けている企業・機関のみがシンボルを使用することができる。シンボルを使用する企業・機関は、シンボルの取扱い及び使用に適用される規定に従う義務を負うものとする。

　企業・機関は、当該シンボル使用許可と関連した認証の有効期間に限り、男女同一賃金シンボルを使用することができる。

　企業・機関が2008年の男女平等法第10号及びその改正並びに規格ÍST 85に基づく企業・機関の男女同一賃金システムの認証にかかる規則の下で適合義務を負う要求事項に適合していないにもかかわらず男女同一賃金シンボルを使用している場合、これは男女同一賃金シンボルの誤使用とみなされる。企業・機関がシンボルを本規定又は男女同一賃金シンボルスタイルマニュアルの指示に従って使用していない場合にも、誤使用に該当するものとする。

第4条 「申請及び登録」

　男女同一賃金シンボルの使用許可の申請は、男女平等センターにするものとする。

　申請者（企業又は機関）は、規格ÍST 85に基づく企業・機関の男女同一賃金システムの認証にかかる規則に従い、当該企業・機関が規格ÍST 85の要求事項に適合していることを確認する証明書の写しを提出するものとし、男

女平等センターは当該企業・機関にシンボルの使用許可を付与するものとする。

シンボルは男女平等センターから許可されるまで使用することはできず、使用許可は証明書の有効期間と同期間有効であるものとする(規格 ÍST 85 に基づく企業・機関の男女同一賃金システムの認証に関する 2017 年 11 月 13 日の規則第 1030 号参照)。

男女平等センターは、認証を取得した企業・機関の登録簿を備えるものとする。この登録簿は、アクセス可能な方法によって同センターのウェブサイト上で公表されるものとする。

第 5 条 「シンボルの使用の停止」

男女同一賃金シンボルを使用してきた企業・機関が、使用の停止を決定した場合、その旨を男女平等センターに知らせるものとする。使用停止の知らせを受けた男女平等センターは、当該企業・機関をシンボル使用登録簿から削除するものとする。

第 6 条 「使用の責任及び監視」

登録された使用者自身がシンボルの正しい使用に責任を負うものとする。認証の更新手続中に認証機関が実施する審査で、企業・機関の男女同一賃金マネジメントシステムとその適用方法が規格 ÍST 85 の要求事項に適合しなくなっていることが明らかになった場合、認証機関はその旨を男女平等センターに通報するものとする。その場合、男女平等センターは、男女同一賃金シンボルの使用がかかわる事項を調査するものとし(社会問題平等大臣が定めた男女同一賃金シンボルの使用に関する規定を参照)、その際には、当事者の聴聞を受ける権利に関する規定を含む、行政手続法の規定に従うものとする。この定めは、企業・機関がシンボルを本規定又は男女同一賃金シンボルスタイルマニュアルに定められた指示に従って使用せず、当事者が当該状況の是正策に関する男女平等センター又は福祉省からの指示に従って行動しない場合にも適用されるものとする。

第 7 条 「施行」

本規定は 2018 年 1 月 1 日に施行されるものとする。

―――――――

セクション B －公布日：2017 年 11 月 28 日

巻末参考資料　アイスランド

男女の平等の地位及び権利に関する 2008 年の法第 10 号

2010 年の法第 162 号、2011 年の法第 126 号、2014 年の法第 62 号、2015 年の法第 79 号、

2016 年の法第 117 号及び 2017 年の法第 56 条により改正

第 1 節　目的及び定義

第 1 条　目的

　この法律の目的は、男女の平等の地位及び機会均等を維持し、それにより社会のあらゆる分野で男女平等を推進することである。すべての個人は、性別にかかわらず、自らの事業から利益を得る均等な機会及び自己の技能を磨く均等な機会を有するものとする。この目的は、次の手段等により達成されるものとする。

a. 社会のあらゆる分野における政策策定及び意思決定において、男女平等の視点を確保し、ジェンダー主流化に向けて取り組むこと。

b. 社会における男女同等の影響力の確保に取り組むこと。

c. とりわけ女性の立場を改善し、社会における女性の機会を増大させること。

d. 賃金差別及び雇用市場におけるその他の形態の性別を理由とする嫌がらせに反対する取り組みをすること。

e. 男女共に仕事と家庭生活の両立を可能にすること。

d. 男女平等に関する教育と啓発を増強すること。

e. 統計を男女別に分析すること。

f. ジェンダー研究における調査を増やすこと。

g. 性別を理由とする暴力・嫌がらせをなくす取り組みをすること。

e. 従来の男女のイメージを変えること及び男女の役割に関する否定的な固定観念をなくす取り組みをすること。

第 2 条「定義」

　この法において、次の用語は各号に定める意味である。

1.「直接的差別」：個人が、同等の状況において異性の他者が受けている処遇より劣る処遇を受けている、受けてきた又は受けるであろう場合

2.「間接的差別」：一見中立的な規定、基準又は慣行が、一方の性別の者を他方の性別の者と比較して不利な立場に置き、このことが正当な目的により客観的に正当化されず、この目的を達成する手段が適切かつ必要でない場合

3.「性別を理由とする嫌がらせ」：影響を受ける人の性別に関係する行為であって、その人には歓迎されず、その人の自尊心を傷つけることを意図し、その人にとって脅迫的、敵対的、名誉を傷つける、屈辱を与え、若しくは侮辱するもの、又はそうした効果を持つもの。

4.「セクシャルハラスメント」：あらゆるタイプの性的行動であって、その行動の影響を受ける人には歓迎されず、かつ、その人の自尊心を傷つけることを意図するもの、又は特にその行動が脅迫的、敵対的、名誉を傷つけ、屈辱を与え、若しくは侮辱する状況を引き起こす場合に、そうした効果をおよぼすもの。この行為は、口頭、非言語又は身体的なものである場合もあれば、その組み合わせの場合もある。

5. 「性別を理由とする暴力」:被害者の身体的、性的又は心理的な傷害又は苦痛をもたらす、又はもたらし得る性別に基づく暴力、及び、私生活及び公共の場の両方における、こうした暴力の脅威及び強制的又は任意の自由の剥奪

6. 「ジェンダー主流化」:一般的に社会の政策策定に関与している人々の政策策定及び意思決定におけるあらゆる分野に男女平等の視点が組み込まれるような方法で、政策策定プロセスを組織し、改善し、開発し、評価すること。

7. 「積極的差別是正措置」:男女いずれかが不利な立場にある特定の分野で男女平等を確立することを目的とした、女性又は男性の地位の向上又は機会の増大を意図した特別な一時的措置。男女いずれかが不利な立場にある場合には、均衡を達成するために男女いずれかに一時的な優先権を与える必要があることが判明する場合がある。

8. 「賃金」:雇用者が被用者の労働に対して支払う通常の労働報酬並びに賃金その他の形態の直接的及び間接的なあらゆるタイプのその他の支払

9. 「雇用条件」:賃金並びに年金の権利、休暇の権利、病気の場合に賃金を受ける権利及び金銭的に評価できる他のあらゆる雇用条件又は権利

10. 「認証」:企業・機関の男女同一賃金システムを審査した認証機関が交付する、当該企業・機関の男女同一賃金システム及びその実施が規格ÍST 85の要求事項(規格ÍST 85第1条第c号参照)に適合していることを明記した、認証証明書を備えた書面による表明。

11. 「確認」:企業・機関の男女同一賃金システムを審査した利害関係者が交付する、当該企業・機関の男女同一賃金システム及びその実施が規格ÍST 85の要求事項(規格ÍST 85第1条第c号参照)に適合していることを明記した、認証証明書を備えた書面による表明。

第II節　運営管理

第3条　「統括」

　別段の規定がない限り、大臣がこの法律の適用を担当する。男女平等センターは、大臣の管理下にある専門機関である。この法律の対象範囲における運営管理には、男女平等センターが当たるものとする。

第4条　「男女平等センター」

　大臣は、男女平等センターの所長を、5年の任期で任命する。所長は、同センターの日常業務を担当し、そのスタッフを任命する。男女平等センターが携わる業務には、次のものが含まれるものとする。

a. この法律の適用を監視すること。
b. 教育・情報提供活動を監督すること。
c. 男女平等問題に関して政府当局、機関、企業、非政府組織、個人に助言をすること。
d. 男女平等を達成するための措置について、大臣、男女平等評議会及びその他の政府機関に意見・提案を行うこと。
e. 積極的差別是正措置に関する提案をすること。
f. 男女平等への取り組みへの男性の参画拡大等により、男女平等問題の活動の水準を高めること。
g. 情報の収集及び調査の開始等により、社会における男女平等の動向を監視すること。
h. 男女平等委員会、男女平等カウンセラー及び地域当局、機関、企業の男女平等代表を支援すること。

i. 特に性別を理由とする暴力に対する予防措置にかかわる他の政府当局・団体と協力して、性別を理由とする暴力に対する予防措置に取り組むこと。

j. 労働市場における性別に基づく賃金格差及びその他の形態の男女差別をなくす取り組みをすること。

k. この法律に基づき男女平等センターに付託された紛争事案の調停をすること。

l. 伝統的な男女のイメージを変え、男女の役割に関する否定的な固定観念化をなくす取り組みをすること。

m. 今後の大臣決定に従い、この法律の目的に沿ったその他の職務を遂行すること。

　機関、企業及び非政府組織は、男女平等センターの業務に必要なあらゆる種類の情報を同センターに提供する義務を負うものとする。

　男女平等センターは、機関、企業又は非政府組織がこの法律に違反していると疑う理由がある場合、男女平等苦情委員会に当該事案の審理を求める理由があるか否かを調査するものとする。関係する機関、企業又は非政府組織は、当該事案の事実を明らかにするために必要と同センターが判断する情報及び資料を同センターに提供する義務を負うものとする。関係当事者が、妥当な期限内に男女平等センターからのこの求めに従わない場合、同センターは当該情報及び資料が提供されるまで、関係当事者に日割罰金を科す決定をすることができる。男女平等センターは、この法律違反があったという疑いを当該情報及び資料がさらに裏付けるものであると判断した場合、男女平等苦情委員会に当該事案の審理を求めるものとし、これに従い、当該機関、企業又は非政府組織にその旨の決定を書面で通知するものとする。

　男女平等センターは、申立人の求めに応じ、男女平等苦情委員会の裁定が適切に実施されるよう確保するための措置を講じるものとする。男女平等苦情委員会の裁定を言い渡された当事者が当該裁定に従わない場合、男女平等センターはこの当事者に対し、妥当な期限内に裁定に従って満足のゆく救済措置を講じるように指示することができる。裁定を言い渡された当事者が男女平等センターの指示に従わない場合、男女平等センターは、当該当事者が指示に従うまで日割罰金を科す決定をすることができる。

　男女平等センターの被用者は、その立場を利用して、第 5 項に基づく監視のために必要な、又は必要となる可能性のある情報又は資料以外の情報又は資料を使用することはできない。さらに、男女平等センターの被用者は、第 3 項第 K 号に基づく紛争解決への取り組み又は第 6 項に基づく男女平等苦情委員会裁定の遵守確保のためのフォローアップ措置に関連して当該被用者が知るようになった、第 5 項に基づく監視のために収集された情報又は資料を、当該事案の当事者及び男女平等苦情委員会以外に提供することはできない。

　第 5 項及び第 6 項に基づく日割罰金を科す決定は、罰金対象当事者に検証可能な方法により書面で告知されるものとする。日割罰金は、1 日につき最高 50,000 アイスランド・クローナ (ISK) である。日割罰金の額の決定に際しては、企業、機関又は非政府組織の被用者数及び対象事業の範囲等の要素を考慮するものとする。

　日割罰金は国庫に徴収されるものとする。

　本規定に基づき男女平等センターの指示を受けた当事者は、男女平等センターの決定に対して大臣に不服申立てをすることができる。男女平等苦情委員会の裁定が裁判所に付託された場合、第 6 項に基づく日割罰金を科す決定は取り消されるものとする。

　男女平等センターによる日割罰金を科す決定は、差押えにより執行することができる。大臣への不服申立て又は通常裁判所での訴訟が行われると、執行は延期されるものとする。

第 5 条 「男女平等苦情委員会」

　大臣は、最高裁判所の指名に基づき、男女平等苦情委員会の 3 人の委員を、3 年の任期で任命するものとする。委員はすべて適格弁護士であり、少なくとも 1 人は男女平等に関する専門知識を有するものとする。委員長及び副委員長は、地方裁判所裁判官に適用される条件を満たすものとする。補欠要員は、同じ方法で任命するものとする。男女平等苦情委員会は、必要と判断した場合、助言及び支援を得るために専門家を召喚することができる。

　男女平等苦情委員会の職務は、申立て事案を審理し、この法律の規定に対する違反があったか否かにつき書面で決定を下すことであるものとする。委員会の裁定に対しては、上級機関に付託することはできない。

　委員会は、労働市場全体の政策に影響を及ぼすことが予想される場合には、裁定を下す前に、労働者及び雇用主の全国連盟の意見を求めるものとする。

　委員会の裁定は各事案の当事者を拘束するものとする。当事者は、委員会の裁定を裁判所に付託することができる。委員会は、その裁定の法的効力を延期することが相当と認めるときは、一方当事者の申立てにより、その旨の裁定を下すことができる。この趣旨の申立ては、裁定の公告後 10 日以内に提出されるものとする。裁定の法的効力の延期は、法的効力を延期した裁定の公告から 30 日以内に当該事案の当事者がその事案を裁判所に付託し、迅速処理を求めることを条件とするものとする。迅速処理の請求が却下された場合、却下発表後できる限り速やかに、かつ、遅くとも判事の却下から 30 日以内に、当該事案の訴訟が提起されるものとする。裁定の公告から 30 日以内に当該事案が裁判所に付託されない場合、又は判事による迅速処理請求の却下から 30 日以内にいかなる訴訟も提起されない場合、当該裁定の法的効力の延期は失効するものとする。委員会の裁定にかかる事案が訴訟に持ち込まれた場合、委員会は、当該事案の判決が下されるまで、係属中の類似の事案の処理を延期することができる。

　男女平等苦情委員会は、委員会の結論が申立人に有利であることを条件として、苦情の被申立人が委員会への苦情申立ての費用を支払う旨を決定することができる。

　男女平等苦情委員会の裁定は申立人に有利であるが、被申立人が委員会の裁定を受け入れず、裁判所による無効を求めて訴訟を提起する場合、地方裁判所及び控訴裁判所及び最高裁判所において申立人が負う訴訟費用は、国庫が支払うものとする。

　男女平等苦情委員会は、明らかに苦情に根拠がないと認めるときは、申立人に対して被申立人が負担する法的費用の支払を命ずることができる。法的費用の支払を確保するため、事前に裁判所の判断を得ることなく、差押えをすることができる。

　男女平等苦情委員会は、その裁定を公表するものとする。

　男女平等苦情委員会の活動費用は、国庫が負担するものとする。大臣は、規則により、男女平等苦情委員会の手続及び事務管理に関する規定を設けることができる。

第 6 条 「男女平等苦情委員会における手続」

　個人、企業、機関及び非政府組織は、その名において、又は自らをこの法律の違反の犠牲者であると判断するその構成員の代理として、男女平等苦情委員会に申立てをすることができる。

　男女平等センターは、男女平等苦情委員会に事案の審理を求めることができる（第 4 条第 5 項参照）。

　申立ては、この法律に対する違反の嫌疑が知るところとなった日、この法律に対する違反とみなされる状況が終了

した時点、又は当該者が違反の嫌疑に気づいた時点から6か月以内に、男女平等苦情委員会にするものとする。行政手続法の規定に基づき理由付けが求められる場合、申立ての提出期間は、理由付けが得られた時点から起算されるものとする。男女平等苦情委員会は、特別な状況において、上記の期限が経過した場合であっても、事案を審理する決定をすることができる。ただし、いかなる場合も、申立期間は1年を超えない。申立書が期限までに委員会に提出又は投函された場合に、申立は適時になされたとみなされるものとする。

男女平等苦情委員会は、申立人の意見を徴した上で、当該事案を男女平等センターの調停に移送することができる。

委員会は、できるだけ早く、かつ、申立ての受理から3か月以内に、裁定を下すものとする。

男女平等苦情委員会における手続は、原則として、書面で行うものとする。ただし、委員会は、当事者又はその代理人を聴聞に召喚することができる。その他の点に関し、委員会の手続は、行政手続法及び委員会から提案を受けて大臣が発する規則に従うものとする。

第7条 「男女平等苦情委員会における情報収集」

男女平等苦情委員会は、申立てのいずれかの当事者の意見及び理由のいずれもが証拠で提示されていないと判断した場合、裁定を下す前に、当該当事者が係争中の問題に関して委員会で意見を述べる機会を持てるように確保するものとする。

男女平等苦情委員会は、一方の申立当事者の求めにより、委員会が当該事案の解決に影響を及ぼし得ると判断する資料の提示を相手当事者に求めることができる。

さらに、男女平等苦情委員会は、事実が確定していないと認めるときは、両当事者にさらなる証拠を求めることができる。

賃金、その他の雇用条件又は個人の権利に関して男女平等苦情委員会に証拠が提示された場合、男女平等苦情委員会は、当該情報が男女平等苦情委員会に提出された旨を関係当事者に通知するものとする。この情報は機密扱いとなるものとする。

第8条 「男女平等評議会」

各国政選挙の後、大臣は、11人の代表で構成される男女平等評議会を任命するものとする。大臣は、指名を経ずに、会長を任命するものとする。被用者団体が共同で2人の代表を指名し、雇用主団体が共同で2人の代表を指名し、アイスランド人フェミニスト協会、アイスランド女性団体、アイスランド女性権利協会が共同で2人を指名し、女性シェルター団体(Samtök um kvennaathvarf)、性暴力被害者のためのカウンセリング・情報センター(Stígamót)が共同で1人を指名し、アイスランド大学女性・ジェンダー研究センター(RIKK)が1人を指名し、父母平等協会が1人を指名し、アイスランド地方政府協会が1人を指名する。状況に応じて補欠要員が任命されるものとする。

第9条 「男女平等評議会の役割」

男女平等評議会は、男女平等問題の高度に専門的な政策策定に関し、男女平等センターと密接に連携して取り組み、大臣及び男女平等センター所長に助言をするものとする。労働市場における男女平等の推進及び仕事と家庭

生活の両立に特に重点を置くものとする。

　男女平等評議会は、大臣と協議の上で男女平等フォーラム(第 10 条参照)を準備し、男女平等評議会の活動に関する報告をフォーラムに提出するものとする。

　評議会の運営費は、国庫が負担するものとする。大臣は、男女平等評議会の業務及び事務管理に関する規定を含む規則を発することができる。

第 10 条 「男女平等フォーラム」

　大臣は、国政選挙が実施される年及びその 2 年後に男女平等フォーラムを招集するものとする。

　男女平等フォーラムは、男女平等問題を議論するものとし、大臣は、開会時に男女平等問題の現状及び動向に関する報告を提出するものとする。大臣報告には、国会決議(第 11 条参照)として採択された現行の男女平等行動プログラムの対象となるプロジェクトの状況及び成果の評価並びに社会の主要分野における男女平等問題に関する現状及び動向のレビューが含まれるものとする。男女平等評議会は、フォーラムにおける議論の要約を提供し、この要約を大臣に引き渡すものとする。フォーラムのその他の任務は、男女平等評議会から提案を受けた上で、大臣がその都度決定するものとする。

　フォーラムは万人に開放されるものとし、男女平等評議会は、Althingi(国会)の構成員、男女平等代表担当官を含めた中央・地方政府機関の代表並びに男女平等問題を協議事項としている社会的パートナー及び非政府組織の代表を招聘するものとする。

　フォーラムへの参加は名誉職であるものとする。ただし、フォーラムのその他の必要費用は、大臣の決定に従い国庫が支払うものとする。

第 11 条 「男女平等行動プログラムに関する国会決議」

　総選挙から 1 年以内に、大臣は、閣僚、男女平等センター及び男女平等評議会から提案を受け、男女平等 4 か年行動プログラムに関する国会決議案を国会に提出するものとする。男女平等フォーラム(第 10 条参照)における議論も考慮するものとする。男女平等行動プログラムには、アイスランド社会における男女の平等の地位及び権利を確保するためのプロジェクトが含まれるものとする。また、計画された行動及びプロジェクトにかかる費用の見積の詳細を明示するものとする。国会決議案には、大臣が男女平等フォーラム(第 10 条参照)に提出する、男女平等問題の現状及び動向に関する報告書が添付されるものとする。

第 12 条 「地方政府の男女平等委員会」

　地方政府の選挙に続き、地方自治体は、当該自治体内における男女の平等の地位及び平等の権利を調査する男女平等委員会を任命するものとする。この男女平等委員会は、男女平等にかかわる事項について地方政府に助言するものとし、その地方自治体内における男女の平等の地位及び平等の権利を確保するための積極的差別是正措置を監視し、指導力を発揮するものとする。

　各男女平等委員会は、あらゆる分野におけるジェンダー主流化への取組方法等を明示した男女平等 4 か年行動プログラム及び地方自治体の男女の不均衡を是正する方法に関する行動計画の策定を監督するものとする。男女平

等計画は、地方政府の選挙後 1 年以内に、関係する地方政府の承認を受けるために提出されるものとする。
各委員会は、各地方自治体内の男女平等問題の現状及び動向に関する報告書を 2 年ごとに男女平等センターに提出するものとする。

第 13 条 「男女平等代表担当官」

　各省庁には、男女平等問題に関する専門的知識を有する男女平等代表担当官 1 人を置くものとする。男女平等代表担当官は、所属する省庁及びその管轄下の機関の政策分野における男女平等作業を処理及び監視するものとする。すなわち、この専門家は、当該省庁の所管領域におけるジェンダー主流化に取り組むものとする。男女平等代表担当官は、各省庁の政策分野における男女平等問題の状況及び動向に関し、男女平等センターに毎年報告書を送付するものとする。

第 14 条 「男女平等カウンセラー」

　大臣は、特定の分野又は国内の特定地域における男女平等問題に一時的に取り組む男女平等カウンセラーを雇用することができる。

第 15 条 「政府及び地方自治体の委員会、評議会及び理事会への参加」

　国及び地方政府の委員会、評議会及び理事会への任命の場合、可能な限り男女の代表比率を同じにし、代表数が 3 人以上の場合には 40％未満にならないように注意するものとする。この規定は、国又は地方自治体が過半数を所有する公的な有限責任会社及び企業の取締役会にも適用されるものとする。

　国及び地方政府の委員会、評議会、理事会への指名の場合には、男性 1 人及び女性 1 人を指名するものとする。客観的な状況の結果、男性 1 人と女性 1 人を指名することができない場合、指名者は第 1 文の条件から逸脱することができる。その場合、指名者はその理由を説明するものとする。

　第 2 項に定める特例が適用されることを条件に、任命者は、第 1 項の条件から逸脱することができる。

第 16 条 「統計データの分析」

　個人に関する公式経済報告書の作成並びにインタビュー調査及び意見調査の検討に際し、個人のプライバシーの保護、反論がある等の特別な状況にない限り、データの収集、データ処理及び情報の公開は男女別に実施するものとする。

第 17 条 「ジェンダー主流化」

　ジェンダー主流化は、各省庁及びその管轄下に属する公的機関が行うあらゆる政策策定及び計画において遵守されるものとする。この義務は、各省庁及び公的機関の内部におけるあらゆる意思決定にも準用されるものとする。

第III節 権利義務

第18条「労働市場」

　雇用主及び労働組合は、女性と男性を労働市場で平等な立場にするために意図的に尽力するものとする。雇用主は、とりわけ、雇用主の企業又は機関の内部で女性と男性を平等な立場に置き、仕事を女性の仕事又は男性の仕事に分類しないような措置を講じるように尽力するものとする。管理職及び影響力のある地位に占める女性と男性の等しい代表率を達成することを特に重視するものとする。

　年平均被用者25人以上の企業・機関は、男女平等プログラムを定め、又は男女平等の視点を人事方針の中心に組み入れるものとする。これには、特に、第19条から第22条に定める権利を被用者に保証するための達成計画を含めた目的の記述等が含まれるものとする。男女平等プログラム及び人事方針の男女平等の視点は、3年ごとに見直されるものとする。

　企業・機関は、男女平等センターから求められた場合、男女平等計画の写し、又は男女平等プログラムがない場合には人事方針の写しと共に、行動計画を男女平等センターに提供するものとする。さらに、企業・機関は、男女平等センターから求められた場合、この分野における動向に関する報告書を、妥当な期間内に男女平等センターに提出するものとする。

　男女平等センターは、企業・機関が、男女平等プログラムを定めていない、又は男女平等の視点を人事方針の中心に組み入れていない場合、当該企業・機関に、妥当な期限内の状況改善を指示するものとする。この規定は、男女平等センターが、企業・機関の男女平等プログラムが不十分であると認めるとき、又は男女平等の視点が十分な明快さをもって当該企業・機関の人事方針の中心に組み込まれていない場合にも適用されるものとする。

　男女平等センターは、企業・機関が第4項の定めるところに従い男女平等センターが与えた指示に従わない場合、当該企業・機関が指示に従うまで、日割罰金を科す決定をすることができる。この規定は、男女平等センターから求めがあった場合に、企業・機関が、男女平等プログラムの写し、若しくは男女平等プログラムがない場合には人事方針の写しと共に、行動計画を男女平等センターに提供しない場合、又はこの分野における動向に関する報告書（第3項参照）の男女平等センターへの提供を拒否する場合にも適用されるものとする。

　日割罰金を科す決定は、罰金対象当事者に検証可能な方法により書面で告知されるものとする。

　日割罰金は、1日につき最高50,000アイスランド・クローナ（ISK）である。日割罰金の額の決定に際しては、企業・機関の被用者数及び対象事業の範囲等の要素を考慮するものとする。

　日割罰金は国庫に徴収されるものとする。

　本条及び第19条に基づき男女平等センターの指示を受けた当事者は、男女平等センターの決定に対して大臣に不服申立てをすることができる。

　男女平等センターによる日割罰金を科す決定は、差押えにより執行することができる。大臣への不服申立て又は通常裁判所での訴訟が行われると、執行は延期されるものとする。

第19条「男女同一賃金」

　同一雇用主の下で同じ労働又は同一価値の労働に従事する男女には、同じ賃金が支払われ、同じ雇用条件が適用されるものとする。

「男女同一賃金」とは、賃金が男女の区別なく同じ方法で決定されていることを意味するものとする。賃金決定の根拠となる基準には、性別を理由とする差別がないものとする。

被用者には常に、被用者自らの選択により、自己の雇用条件と賃金を開示することが認められるものとする。

年ベースの平均被用者数25人以上の企業・機関は、当該男女同一賃金システムとその実施が規格ÍST 85の要件（同規格第1条第c号）に適合していることを確認する認証（第2条第10項を参照）を認証機関から取得するものとする。認証が完了すると、認証機関は、証明書の写しを審査結果報告と共に男女平等センターに送付するものとする。認証は、3年ごとに更新するものとする。認証機関は、審査の結果認証が付与されなかった場合も男女平等センターに通知し、審査結果報告書を提出してその理由を述べるものとする。企業・機関の男女同一賃金システムの審査の結果認証が付与されなかった場合、男女平等センターは、社会的パートナー団体に認証機関の報告書の利用を許可することができる。

第4項の定めを損なうことなく、社会的パートナー団体は、年ベースの平均被用者数25人から99人の企業・機関の男女同一賃金システムの審査において、審査が規格ÍST 85の第1条第b号に基づき実施されるか、本条第4項に従い規格ÍST 85の第1条第c号に従い実施されるかを当該企業・機関が選択するという趣旨の規定を団体協約に盛り込むための交渉をすることができる。この趣旨の規定が盛り込まれた協約が締結され、男女同一賃金審査が規格ÍST 85の第1条第b号に基づき実施される場合、当該企業・機関の男女同一賃金システム及びその実施が規格ÍST 85の要求事項（同規格第1条第b号）に適合している旨を利害関係者が審査した後、当該企業・機関には確認（第2条第11項参照）が提供されるものとする。確認が完了すると、当該利害関係者は、確認証の写しを審査結果報告と共に男女平等センターに送付するものとする。確認は、3年ごとに更新するものとする。利害関係者は、審査の結果確認が付与されなかった場合も男女平等センターに通知し、審査結果報告書を提出してその理由を述べるものとする。企業・機関の男女同一賃金システムの審査の結果確認が付与されなかった場合、男女平等センターは、社会的パートナー団体に利害関係者の報告書の利用を許可することができる。

第4項に従い、男女平等センターが審査結果報告と共に認証証明書を受け取ると、男女平等センターは、当該企業・機関に男女同一賃金シンボルを付与するものとし、男女同一賃金シンボルは、認証の有効期間と同期間有効であるものとする。男女平等センターが、利害関係者審査結果報告と共に第4項に従い確認証を受け取る場合、男女平等センターは、当該確認に基づき企業・機関に男女同一賃金認定を付与するものとし、男女同一賃金認定は、確認の有効期間と同期間有効であるものとする。

男女平等センターは、認証（第1条第11項参照）を取得した企業・機関の登録簿を備えるものとし、この登録簿を、アクセス可能な方法によって同センターのウェブサイト上で公表するものとする。登録簿には、企業・機関が認証又は確認を取得しているか否かにかかわらず、企業・機関の名称、ID番号及び住所並びに認証又は確認を取得している場合にはその有効期間等の情報が記載されるものとする。また、男女平等センターは、年ベースの平均被用者数が25人以上の、第4項に従った認証又は第5項に従った確認を未取得の企業及び機関の登録簿を備えるものとし、社会的パートナー団体は、この登録簿を利用できるものとする。登録簿には、当該企業・機関が第4項に従った認証又は第5項に従った確認を取得するために、認証機関又は利害関係者による当該企業・機関の男女同一賃金システム及びその実施の審査を申請したか否かを明示するものとする。

社会的パートナーは、年ベースの平均被用者数が25人以上の企業・機関が第5項に従った認証又は第4項に

従った確認を取得し、その更新をするように監視するものとする。企業・機関は、社会的パートナー団体が本項に従い監視を実施できるようにするのに必要と判断する情報及び文書を社会的パートナーに提供するものとする。企業・機関が、第4項に従った認証若しくは第5項に従った確認を取得していない、若しくはその更新をしていない場合、又は本項第2文に従い必要な情報若しくは文書を提供しない場合、社会的パートナー団体はその旨を男女平等センターに通報するものとする。男女平等センターは、当該企業・機関に対し、妥当な期限内に十分な是正措置をとるように指示し、従わない場合には日割罰金が科せられる旨を説示することができる。

本規定に基づく日割罰金に関し、第18条第6項、第7項、第8項及び第9項が適用されるものとする。

大臣は、本条に基づく企業・機関の男女同一賃金システムの認証及び確認の結果を2年ごとに評価させるものとする。大臣は、この評価の実施及び構成にかかる規則を発するものとする。

社会的パートナー団体との協議の上、大臣は、監視の実施、認証機関及び利害関係者に求められる能力並びに本条に従った男女同一賃金シンボル及び男女同一賃金認定の使用にかかる規則を発するものとする。大臣は、企業・機関の男女同一賃金システムの認証及び確認の実施に関するもの、並びに企業・機関が認証若しくは確認の取得若しくは更新をしていない場合又は社会的パートナー団体に必要な情報若しくは資料を提供しない場合の男女平等センターの手続に関するもの等、本条のさらなる執行にかかる規則も発することができる。

第20条 「求人、職業訓練、再訓練及び継続教育（生涯学習）」

求人は、男女等しくアクセス可能でなければならない。雇用者は、女性と男性の機会均等を確保するために必要な措置を講ずるものとする。雇用主は、再訓練、継続教育（生涯学習）及び職業訓練に関する男女の機会が均等になるように確保するため、並びに職業能力の向上又は他の職務の遂行の準備のために開催されるコースに出席するために必要な措置を講じるものとする。

第21条 「仕事と家庭生活の両立」

雇用者は、女性と男性が職務上の義務と家庭の責任を両立できるようにするために必要な措置を講じるものとする。この措置は、母親／父親産休・育児休暇又は緊急及び回避できない家族の状況に起因する休暇からの職場復帰の円滑化を含む、家族の状況と労働市場のニーズのいずれも考慮するように労働編成及び労働時間の柔軟性を増大させること等を目指すものとする。

第22条 「性別を理由とする暴力、性別を理由とする嫌がらせ及びセクシャルハラスメント」

機関及び非政府組織の雇用主及び長は、被用者、学生及び利用者を、職場、機関、帰属する社会のための労働若しくは役割又は学校における性別を理由とする暴力、性別を理由とする嫌がらせ又はセクシャルハラスメントから保護するための特別な措置を講ずるものとする。

性別を理由とする暴力の嫌疑、性別を理由とする嫌がらせの嫌疑又はセクシャルハラスメントの嫌疑をかけられた上司は、当該事案の審査中に申立人の労働条件に関する決定を下す権限を有さないものとし、この決定は次席の上司が下すものとする。

第 23 条 「教育及び学校教育」

　ジェンダー主流化は、スポーツ・娯楽を含む、学校及び教育機関の活動における、すべての政策策定及び計画において遵守されるものとする。

　教育制度のすべてのレベルにおいて、生徒は、男女平等問題に関する教育を受けるものとし、この教育では、仕事と家庭生活を含めた社会で男女が同じ役割を果たすように準備すること等に重点を置くものとする。

　教材及び教科書は、いずれの性別も差別しないように設計されるものとする。

　教育及び職業の機会に関する説明及び学校でのカウンセリングにおいて、男女は性別にかかわらず同じ仕事に関する指導及びカウンセリングを受けるものとする。

　アイスランド社会における男女の地位に関する研究が強化され、この強化が初等学術研究及び応用研究に等しく適用されるものとし、研究結果は教育制度及びメディアに体系的に拡散されるものとする。

　教育担当省は、スポーツ・娯楽を含む、学校及び教育機関における男女平等の遵守を監視するものとする。さらに、教育担当省は、社会のこうした分野における男女平等に関する動向を監視するものとする。

　教育担当省で男女平等カウンセラー1 人が雇用されるものとし、男女平等カウンセラーは、この法律の規定の適用を監視し、男女平等を推進する積極的差別是正措置を含む、男女平等問題に関する助言を関係当事者にするものとする。

第 IV 節　性別を理由とする差別の禁止

第 24 条 「全般的な差別の禁止」

　直接的であるか間接的であるかを問わず、性別を理由とするあらゆる形態の差別を禁止する。性別を理由とする差別をするよう指示することも、この法律に基づく差別である。さらに、性別を理由とする嫌がらせ又はセクシャルハラスメントは、性別を理由とする嫌がらせ又はセクシャルハラスメントを受けた者がその行為を拒否した、又は甘受したという事実に帰することができる人に対するあらゆる不愉快な扱いと同様に、この法律に基づく差別である。

　ただし、積極的差別是正措置はこの法律に反しているとはみなされない。仕事に関連する客観的な要素を考慮して特定の性別の個人を雇用する正当な理由がある場合にも、この法律に反しているとはみなされないものとする。

　妊娠・出産に関連した女性に対する特別な配慮は、差別とはみなさないものとする。

第 24 a 条「財・サービスに関連した差別の禁止」

　財へのアクセス又は供給並びにサービスへのアクセス又は提供に関し、性別を理由とするあらゆる形態の差別を禁止する。この規定は、私生活及び家族生活の領域での財へのアクセス又は供給並びにサービスへのアクセス又は提供には適用されない。さらに、この規定は、労働市場における労働に関する事項には適用されない。

　保険契約及びその他の関連する金融サービスの保険料又は給付金額を決定する際、性別を理由とするあらゆる形態の差別を禁止する。妊娠と出産に関連する費用は、各人の保険料及び給付に差異をもたらさないものとする。

　直接的であるか間接的であるかを問わず、この規定に基づく差別が生じたとする可能性が示された場合、差別をしていると判断される者は、その差別が正当な目的により客観的に正当化されず、この目的を達成する手段が適切かつ必要でない限り、当該差別的待遇が性別を理由とするものでないことを証明するものとする。

第25条 「雇用条件に関する差別の禁止」

　雇用主は、性別を理由に、賃金その他の雇用条件で男女差別をすることはできない。

　同一雇用主の下で働く男女が、同一労働又は同価値の労働に対して受ける賃金が異なっているという可能性が示された場合、賃金に差異があるならば、雇用主は、その差異が性別以外の理由で説明できることを証明するものとする。

第26条 「職場及び雇用における差別の禁止」

　雇用主は、性別を理由に求人応募者を差別してはならない。同様に、昇進、異動、再訓練、継続教育、(生涯学習)職業訓練、学習休暇、解雇予告期間、労働環境及び被用者の労働条件についても性別を理由とする差別をしてはならない。

　母親／父親産休・育児休暇又は妊娠・出産に関連したその他の状況が、第1項に基づく決定に悪影響を及ぼしてはならない。

　一方の性別を他方の性別より優先することを示す求人広告を出す、又はこうした求人広告を掲載してはならない。この規定は、当該広告主の目的が特定の職業部門で男女の代表比率の平等を推進することである場合には適用されないものとし、この場合、その旨を広告で明示するものとする。男性又は女性のみを対象とした求人広告に正当な理由がある場合にも、この規定は適用されないものとする。

　雇用、職への配属又は任命、昇進、異動、再訓練、継続教育、(生涯学習)職業訓練、学習休暇、解雇予告期間、労働環境及び被用者の労働条件に関し、性別、母親／父親産休若しくは育児休暇の取得又は妊娠・出産に関連したその他の状況を理由とする差別があったという可能性が示された場合、雇用主は、その決定が性別、母親／父親産休若しくは育児休暇の取得又は妊娠・出産に関連したその他の状況以外の理由によるものであることを証明するものとする。

　第4項の規定に違反しているか否かの評価に際し、法令に則り当該職で要求される、又は当該職で役立つと判断しなければならない学歴、職歴、専門知識その他の特別な才能は理由として考慮されるものとする。

第27条 「苦情申立て又は救済請求に関連した解雇等の禁止」

　雇用主は、この法律に基づく救済請求を理由に被用者を解雇することはできない。

　さらに、雇用主は、被用者が、性別を理由とする嫌がらせ、セクシャルハラスメント又は性的差別に関して苦情申立てを提出した、又は情報を提供したことを理由に、雇用保障、雇用条件又は業績評価等に関して不公正な扱いを受けないように確保するものとする。

　この規定の違反があったという可能性が示された場合、雇用主は、解雇又は申し立てられた不公正が、性別を理由とする嫌がらせ、セクシャルハラスメント又は性的差別に関する当該被用者の救済請求、不服申立て又は情報提供を理由とするものでないことを証明するものとする。この規定は、この法律に基づく被用者の救済請求から1年が経過した後の解雇には適用されない。

第28条 「学校又は教育機関における差別の禁止」

　学校その他の教育機関において、性別を理由とするあらゆる形態の差別を禁止するものとする。この禁止は、教授・学習、作業方法及び日常的な生徒への対処で遵守されるものとする。

　教育機関の長は、生徒又は利用者が、性別を理由とする嫌がらせ又は男女差別に関する苦情申立を行ったことを理由に苦痛を受けないように確保するものとする。

第29条 「広告」

　広告主及び広告のデザイン若しくは発表をする者は、広告が一方の性別を軽視しないように、及びいかなる方法であれ男女平等に反しないように確保するものとする。一方の性別を軽視し、又は男女平等に反する広告は、メディア又はその他の公共の場で公開することはできない。

第30条 「権利放棄の禁止」

　いかなる者も、この法律に定める権利を放棄することはできない。

第Ⅴ節　制裁

第31条 「金銭的損失又は金銭以外の損失に対する賠償」

　意図的に又は過失によりこの法律に違反した者は、通常の規則に従って賠償を支払う義務を負うものとする。さらに、適切と判断される場合には、違反をした当事者に対し、金銭的損失に対する賠償に加え、非金銭的損失に対する賠償の支払を言い渡すことができる。

第32条 「罰金」

　この法律又はこの法律に基づき制定される規則の違反には、罰金刑が科せられることがある。ただし、他の法令でこれより重い罰則が定められている場合にはこの限りではない。

　罰金は国庫に支払うものとする。

　この法律又はこの法律に基づき制定される規則への違反にかかわる事案は、刑事訴訟法に従い処理するものとする。

第Ⅵ節　その他の規定

第33条 「規則」

　大臣は、この法律の今後の適用に関する規則を発することができる。

第34条 「指令の国内法化」

　この法律は、2008年のEEA合同委員会決定第33号により改正された欧州経済領域協定の附属書XVIIIで言及されている、2006年7月5日の雇用・職業における男女機会均等・均等待遇原則に関する欧州議会及び理事会指令2006/54/ECを実施する。さらに、この法律は、2011年のEEA合同委員会決定第84号により改正された

欧州経済領域協定の附属書XVIIIで言及されている、自営業従事者に男女均等待遇原則を適用すること、及び理事会指令86/613/EECを廃止すること に関する2010年7月7日の欧州議会及び理事会指令2010/41/EUを実施する。

　この法律は、2009年のEEA合同委員会決定第147号により改正された欧州経済領域協定の附属書XVIIIで言及されている、財・サービスへのアクセス及び供給に関する男女均等待遇原則の実施に関する理事会指令2004/113/ECを実施する。

第35条 「施行」

　この法律は直ちに施行する。

経過規定

I. 男女平等センター所長の任命に関する第4条第1項の規定は、この法律施行後最初の所長任命を含めたこれ以降に適用されるものとする。この法律の施行時に、男女平等センター所長は、任命期間終了まで留任するものとする。

II. この法律の発効後、大臣は新しい男女平等評議会（第8条参照）を任命するものとする。

III. この法律の発効後、大臣は、第5条に従い、新しい男女平等苦情委員会を任命するものとする。この任命と同時に、2000年の法第96号に基づきなされた男女平等苦情委員会の任命は失効するものとする。

IV. 大臣は、同一賃金並びに雇用及び解雇に関連した平等の方針が実行されていることを証明するため、社会的パートナー団体との協力により特別認証システムが開発されるように確保するものとする。このプロジェクトは、2010年1月1日までに完了するものの、この完了時に、この法律の見直しが実施されるものとする。

V. 第11条第1文の規定にかかわらず、大臣は、男女平等行動プログラムに関する国会決議案の第1回の国会提出を2008年秋に実施するものとし、このプログラムは2012年春まで継続する。その他の点については、第11条の規定が適用されるものとする。

VI. 第19条第4項及び第5項の規定を損なうことなく、年ベースの平均被用者数250人以上の企業・機関は、2018年12月31日までに、第19条第4項に従い男女同一賃金システム及びその実施の認証を取得するものとする。年ベースの平均被用者数150人から249人の企業・機関は、2019年12月31日までに、第19条第4項に従い男女同一賃金システム及びその実施の認証を取得するものとする。年ベースの平均被用者数90人から149人の企業・機関は、2020年12月31日までに、第19条第4項に従い男女同一賃金システム及びその実施の認証を取得する、又は第19条第5項に従い男女同一賃金システム及びその実施の確認を取得するものとする。年ベースの平均被用者数25人から89人の企業・機関は、2021年12月31日までに、第19条第4項に従い男女同一賃金システム及びその実施の認証を取得する、又は第19条第5項に従い男女同一賃金システム及びその実施の確認を取得するものとする。この規定を損なうことなく、国が半分以上を所有する、年ベースの平均被用者数が25人以上の公的な機関、基金、企業は、2019年12月31日までに、第19条第4項に従い男女同一賃金システム及びその実施の認証を取得する、又は第19条第5項に従い男女同一賃金システム及びその実施の確認を取得するものとする。この規定を損なうことなく、2011年のアイスランド政府省庁

法第115号に基づき業務を遂行するアイスランド政府省庁(Stjórnarráð Íslands)は、2018年12月31日までに、第19条第4項に従い男女同一賃金システム及びその実施の認証を取得する、又は第19条第5項に従い男女同一賃金システム及びその実施の確認を取得するものとする。大臣は、規則により、企業・機関が第1項の認定又は確認を取得する期間を最長12か月延長することができる。

JILPT 資料シリーズ No.208	
諸外国における女性活躍・雇用均等にかかる	
情報公表等について	
―フランス、ドイツ、イギリス、カナダ―	
定価（本体1,500円＋税）	

発行年月日	２０１９年２月１５日
編集・発行	独立行政法人　労働政策研究・研修機構
	〒177-8502　東京都練馬区上石神井4-8-23
（照会先）	研究調整部研究調整課　TEL：03-5991-5104
	調査部海外情報担当　TEL：03-5903-6274
（販　売）	研究調整部成果普及課　TEL：03-5903-6263
	FAX：03-5903-6115
印刷・製本	有限会社　正陽印刷

Ⓒ 2019 JILPT　ISBN 978-4-538-87208-7　Printed in Japan

＊ 資料シリーズ全文はホームページで提供しております。(URL:https://www.jil.go.jp/)